D1130494

CONOZCA SUS FORTALEZAS 2.0

STRENGTHSFINDER 2.0

TOM RATH

GALLUP PRESS
1251 Avenue of the Americas
23˚ Piso
New York, NY 10020

Número de control de la Librería del congreso: 2014943806
ISBN: 978-1-59562-084-2

Primera impresión (inglés): 2007
Primera impresión (español): 2014
10 9 8 7 6 5 4 3 2 1

Impreso en Canadá

Donald O. Clifton
1924–2003

Inventor de Clifton StrengthsFinder® y reconocido como el
padre de la Psicología basada en las fortalezas por una mención
presidencial de la Asociación Estadounidense de Psicología.

CONTENIDOS

STRENGTHSFINDER:
LA PRÓXIMA GENERACIÓN

En 1998, empecé a trabajar con un equipo de científicos de Gallup dirigido por el difunto padre de la Psicología de Fortalezas, Donald O. Clifton. La meta era iniciar una conversación global sobre lo que es correcto con las personas.

Estábamos cansados de vivir en un mundo que giraba en torno a corregir nuestras debilidades. El enfoque incansable de la sociedad en cuanto a las deficiencias de la gente se había convertido en una obsesión global. Además, habíamos descubierto que las personas tienen varias veces más potencial de crecimiento cuando invierten energía en el desarrollo de sus fortalezas en lugar de corregir sus deficiencias.

A partir de un estudio sobre fortalezas humanas que Gallup realizó por 40 años, se creó un lenguaje con los 34 talentos más comunes y se desarrolló la evaluación de Clifton StrengthsFinder para ayudar a las personas a descubrir y describir estos talentos. En el 2001, se incluyó la versión inicial de esta evaluación en el éxito de ventas de libros de administración *Ahora, descubra sus fortalezas*. El debate rápidamente se extendió más allá del público de este libro de administración. Parece que el mundo estaba listo para tener esta conversación

En los últimos años solamente, millones de personas participaron en StrengthsFinder y aprendieron acerca de sus cinco talentos principales, y *Ahora, descubra sus fortalezas* pasó más de cinco años en las listas de libros más vendidos. Desde entonces, la evaluación se ha traducido a más de 20 idiomas, y la utilizan empresas, escuelas y grupos comunitarios en más de 100 países de todo el mundo. Sin embargo, cuando se trata de crear familias, comunidades y lugares de trabajo basados en las fortalezas, todavía tenemos mucho trabajo que hacer.

Durante la última década, Gallup encuestó a más de 10 millones de personas en todo el mundo acerca del tema del compromiso de los empleados (o cuán positivas y productivas son las personas en el trabajo), y solo un tercio está "muy de acuerdo" con la declaración:

"En el trabajo, tengo la oportunidad de hacer lo que mejor hago cada día."

Y para aquellos que *no* consiguen enfocarse en lo que mejor hacen, sus fortalezas, los costos son asombrosos. En una encuesta reciente de más de 1.000 personas, entre las que estaban "en total desacuerdo" o "en desacuerdo" con esta declaración de "lo que hago mejor", *no había una sola persona* emocionalmente comprometida con el trabajo.

En evidente contraste, nuestros estudios indican que las personas que *sí* tienen la oportunidad de enfocarse en sus fortalezas cada día están *seis veces más comprometidas con sus trabajos* y tienen una probabilidad *tres veces mayor de reportar que tienen una excelente calidad de vida en general.*

Afortunadamente, nuestra investigación también sugiere que tener a alguien en el trabajo que se enfoque habitualmente en sus fortalezas puede hacer una diferencia drástica. En 2005, hemos explorado lo que sucede cuando los gerentes se enfocan principalmente en las fortalezas de los empleados, cuando se enfocan principalmente en las debilidades de los empleados o cuando ignoran a los empleados. Lo que encontramos redefinió por completo mi perspectiva acerca de lo fácil que puede ser disminuir la desvinculación activa o la negatividad extrema, que se multiplica en las organizaciones.

Si su gerente principalmente:	Las probabilidades de que usted esté activamente no comprometido son:
Lo ignora	*40%*
Se enfoca en sus debilidades	*22%*
Se enfoca en sus fortalezas	*1%*

Como se puede ver en estos resultados, tener un gerente que lo ignora es aun más perjudicial que tener un gerente que se enfoca principalmente en sus debilidades. Tal vez lo más sorprendente es el grado en el que tener un gerente que se enfoca en sus fortalezas disminuye las probabilidades de que usted esté deprimido en el trabajo. Parece que la epidemia de desvinculación activa que vemos en los lugares de trabajo cada día podría ser una enfermedad curable. Si podemos ayudar a las personas a nuestro alrededor a desarrollar sus fortalezas.

¿Qué hay de nuevo en StrengthsFinder 2.0?

Nuestra investigación y la base de conocimientos sobre el tema de las fortalezas humanas se expandieron drásticamente en la última década. StrengthsFinder 2.0 continúa desde donde dejó la primera versión y está diseñado para proporcionarle los últimos descubrimientos y estrategias para su aplicación. El idioma de los 34 temas permanece igual pero es más rápido y más confiable. Y los resultados arrojan un análisis de sus fortalezas mucho más profundo.

Una vez que haya completado la evaluación en línea, recibirá una *Guía de descubrimiento de fortalezas y de planificación de acciones* integral basada en los resultados de su StrengthsFinder 2.0. Esta guía ofrece una inmersión profunda en los matices de lo que lo hace único, con más de 5.000 percepciones nuevas personalizadas sobre el Entendimiento de las Fortalezas que hemos descubierto en los últimos años.

Mucho más allá de las descripciones de los temas compartidos de StrengthsFinder 1.0, que pueden encontrarse en la Parte II de este libro, este Entendimiento de las Fortalezas altamente personalizado le ayudará a entender cómo cada uno de sus cinco temas principales se desarrolla en su vida en un nivel mucho más personal. Por ejemplo, a pesar de que usted y un amigo tengan el mismo tema dentro de sus cinco principales, la manera en que este tema se manifiesta no será la misma. Por lo tanto, cada uno de ustedes recibirá descripciones personalizadas, completamente diferentes, acerca de la manera en la que este tema funciona en sus vidas. Este nuevo Entendimiento de las Fortalezas describe *lo que lo hacen destacar* en comparación con los millones de personas que estudiamos.

También recibirá 10 "Ideas para la acción" para cada uno de sus cinco temas. Por lo tanto, tendrá 50 acciones específicas que puede tomar, ideas que seleccionamos de entre miles de sugerencias de prácticas recomendadas, que se adaptan a sus cinco principales temas. Además, la guía le ayudará a construir un plan de desarrollo basado en fortalezas mediante la exploración de cómo sus mayores talentos naturales interactúan con sus habilidades, conocimiento y experiencia. Y la nueva página web incluye un foro de debate de fortalezas, un sistema de planificación de acciones en línea, guías de debate en grupo y varios otros recursos.

Mientras que el aprendizaje acerca de sus fortalezas podría ser una experiencia interesante, ofrece poco beneficio de manera aislada. Este nuevo libro, la evaluación, el sitio web y la guía de desarrollo son todos acerca de la aplicación. Si desea mejorar su vida y las vidas de quienes lo rodean, debe tomar medidas. Utilice la guía de desarrollo personalizada para alinear su trabajo y sus metas con sus talentos naturales. Comparta este plan con sus compañeros de trabajo, su jefe o sus amigos más cercanos. Luego, ayude a las persona a su alrededor, en el trabajo y en casa, a desarrollar sus fortalezas. Si lo hace, es probable que se encuentre en un entorno mucho más positivo y productivo.

PARTE I:
DESCUBRA SUS FORTALEZAS —
INTRODUCCIÓN

EL CAMINO DE *MAYOR* RESISTENCIA

En su esencia fundamentalmente defectuosa, el objetivo de casi todos los programas de aprendizaje es ayudarnos a ser lo que *no* somos. Si usted no tiene un talento natural con los números, está aun así obligado a pasar tiempo en esa área para obtener un título. Si usted no es muy empático, lo envían a un curso diseñado para infundir la empatía en su personalidad. Desde la cuna hasta el cubículo, dedicamos más tiempo a nuestros defectos que el que dedicamos a nuestras fortalezas.

Esto es muy evidente en la manera en que creamos íconos de personas que luchan por superar la falta de talento natural. Considere la verdadera historia de Rudy Ruettiger, el joven de 23 años de edad y encargado del estadio de Notre Dame, que fue protagonista de la película de 1993, *Rudy*. De tan solo 5'6" (1 m y 68 cm) y 165 libras (74 kg), este joven claramente no poseía la capacidad física para jugar fútbol americano universitario en grande, pero tenía suficiente "corazón".

Rudy trabajó incansablemente para lograr la admisión en Notre Dame para poder jugar al fútbol allí. Finalmente, después de haber sido rechazado en tres ocasiones, lo aceptaron en Notre Dame y poco después se ganó un lugar en la escuadra de prácticas del equipo de fútbol.

Durante dos años, Rudy recibió una paliza en las prácticas diarias, pero nunca le permitieron unirse a su equipo en el banquillo. Entonces, después de intentarlo tanto como pudo durante dos temporadas, Rudy fue finalmente invitado a prepararse para el juego final de su último año. En los últimos momentos de este juego, con una victoria segura de Notre Dame a mano, los compañeros de equipo de Rudy presionaron a su coach para ponerlo en el juego. En los últimos segundos, el coach ingresó a Rudy para una sola jugada, y este derribó al mariscal de campo del equipo contrario.

Fue un momento dramático y, por supuesto, Rudy se convirtió instantáneamente en un héroe. Los aficionados coreaban su nombre y lo llevaron fuera de la cancha. Ruettiger fue invitado más tarde a la Casa Blanca, donde se reunió con el presidente Bill Clinton, Colin Powell y la leyenda del fútbol Joe Montana.

Mientras que la perseverancia de Rudy es admirable, al final, jugó unos segundos de fútbol universitario e hizo una entrada única. Después de miles de horas practicando.

La naturaleza inspiradora de esta historia en realidad enmascara un problema importante: la superación de las deficiencias es una parte esencial de la estructura de nuestra cultura. Nuestros libros, películas y tradiciones están llenos de historias donde el más débil vence las probabilidades de una en un millón. Y esto nos lleva a celebrar a aquellos que triunfan por encima de su falta de habilidad natural, más de lo que reconocemos a los que capitalizan sus talentos innatos. Como resultado, millones de personas ven a estos héroes como el epítome del sueño americano y ponen sus ojos en la conquista de grandes desafíos. Desafortunadamente, esto es tomar el camino de *mayor* resistencia.

¿Una máxima errónea?

"Puedes ser lo que quieras ser, si lo intentas lo suficiente."

Como la mayoría de las personas, acepté esta máxima a una edad temprana. Junto con miles de otros niños, me pasé una buena parte de mi infancia intentando ser el próximo Michael Jordan. Todos los días, practicaba tiros al aro durante tres o cuatro horas. Iba a los campos de baloncesto cada verano e intente, por todos los medios posibles, ser un gran jugador. A pesar de lo duro que trabajé en ello, convertirme en una estrella de la NBA simplemente no era parte de mi destino. Después de dar todo mi esfuerzo por más de cinco años, ni siquiera pude llegar al equipo de los torneos universitarios *juveniles*.

Aceptar la máxima "Puedes ser lo que quieras ser" no es algo que dejemos atrás. Escenarios similares ocurren en el lugar de trabajo todos los días. Un vendedor estrella cree que puede ser un gran director de ventas si se esfuerza lo suficiente. Entrevista a otros gerentes para obtener sus perspectivas, lee todos los libros sobre gestión que pueda encontrar y se queda hasta tarde todas las noches intentado hacer el trabajo, a expensas de su familia e incluso de su salud. Luego, unos años en el trabajo, se da cuenta de que no tiene el talento natural para desarrollar a otras personas. Esto no es solo una pérdida de su tiempo, pero es probable que hubiera podido aumentar su contribución aun más si se hubiera quedado en el rol de ventas, un rol en el que se destacaba de manera natural. Sin embargo, si queremos ingresos adicionales, estatus o responsabilidad, la mayoría de las jerarquías organizacionales nos obligan a desempeñar una función diferente, en lugar de permitir una carrera entera de progreso dentro de una función específica que se adapta a nuestros talentos.

Lo que es aun más desalentador es la manera en que nuestra obsesión por las deficiencias afecta a los jóvenes en el hogar y en el aula. En todas las culturas que estudiamos, la abrumadora mayoría de padres (el 77 % en los Estados Unidos) piensan que las calificaciones *más bajas* de los estudiantes merecen el *mayor* tiempo de atención. Los padres y profesores premian la excelencia con la apatía en lugar de invertir más tiempo en las áreas en las que un niño tiene el mayor potencial para la grandeza.

La realidad es que una persona que siempre tuvo dificultades con los números probablemente no se convierta en un gran contador o estadístico. Y la persona sin mucha empatía natural nunca será capaz de consolar a un cliente agitado en la manera cálida y sincera que lo hacen las personas con mucha empatía. Incluso el legendario Michael Jordan, que encarnaba el poder del talento en bruto en una cancha de baloncesto, no podía llegar a ser, bueno, el "Michael Jordan" del golf o del béisbol, sin importar lo mucho que lo intentara.

Esto puede sonar como un punto de vista herético, especialmente para aquellos de nosotros que crecimos creyendo en el mito americano esencial que podíamos llegar a ser todo lo que quisiéramos. Sin embargo, queda claro a partir de la investigación de Gallup que cada persona tiene un mayor potencial para el éxito en áreas específicas, y la clave para el desarrollo humano es construir sobre lo que *ya eres*.

El siguiente ejemplo de la vida real de la labor de desarrollo económico de Gallup en Puebla, México, ofrece una ilustración básica pero poderosa de lo que puede suceder cuando las personas se enfocan en sus talentos naturales.

Hector fue siempre conocido como un gran zapatero. De hecho, clientes de lugares tan lejanos como Francia afirmaron que Héctor hizo los mejores zapatos del mundo. Sin embargo, durante años, estuvo frustrado con su pequeño negocio de fabricación de calzado. Aunque Héctor sabía que él era capaz de hacer cientos de zapatos por semana, hacía un promedio de solo 30 pares. Cuando un amigo le preguntó por qué, Hector le explicó que si bien era bueno en la producción de zapatos, era un pobre vendedor y pésimo a la hora de recolectar los pagos. Sin embargo, pasó la mayor parte de su tiempo trabajando en estas áreas de debilidad.

Entonces, el amigo de Hector le presentó a Sergio, un vendedor y comercializador nato. Al igual que Héctor era conocido por su destreza, Sergio podía cerrar acuerdos y vender. Dada la forma en la que sus fortalezas se complementaban entre sí, Hector y Sergio decidieron trabajar juntos. Un año después, este dúo basado en las fortalezas estaba produciendo, vendiendo y recolectando pagos de más de 100 pares de zapatos por semana, un incremento de más del triple.

Aunque esta historia puede parecer simplista, en muchos casos, alinearse con la tarea correcta puede ser así de fácil. Cuando somos capaces de poner la mayor parte de nuestra energía en desarrollar nuestros talentos naturales, existe espacio extraordinario para crecer. Por lo tanto, una revisión de la máxima "Puedes ser lo que quieras ser" podría ser más precisa:

*Usted **no puede** ser lo que quiera ser, pero **puede** ser mucho más de lo que ya es.*

LA ZONA DE FORTALEZAS

Durante las últimas décadas, Gallup ha estudiado cómo el talento se puede aplicar en una amplia variedad de funciones, desde amas de casa a altos ejecutivos y desde miembros del clero a funcionarios del gobierno. Hemos investigado casi todas las culturas, países, industrias y posiciones importantes. La buena noticia es que encontramos grandes ejemplos de héroes que se disparan con sus fortalezas en cada función individual. En todas partes, tener la oportunidad de desarrollar nuestras fortalezas es más importante para nuestro éxito que nuestra función, nuestro título o incluso nuestro sueldo. En esta sociedad cada vez más impulsada por el talento, tenemos que conocer y desarrollar nuestras fortalezas para averiguar dónde encajamos.

Dicho esto, en todas las áreas que hemos estudiado, la gran mayoría de las personas no tienen la oportunidad de enfocarse en lo que mejor hacen. Encuestamos a más de 10 millones de personas en este tema específico y, *aproximadamente, 7 millones no lo hacen.*

¿Qué pasa cuando no está en la "zona de fortalezas"? Usted es simplemente una persona muy diferente. En el lugar de trabajo, *probablemente esté seis veces menos comprometido con su trabajo*. Cuando no puede utilizar sus fortalezas en el trabajo, lo más probable es que usted:

- tema ir a trabajar
- tenga más interacciones negativas que positivas con sus colegas
- no trate a sus clientes de la mejor manera
- le diga a sus amigos cuán miserable es la compañía para la que trabaja
- logre menos diariamente
- tenga menos momentos positivos y creativos

Más allá del mundo del trabajo, hay aun más graves consecuencias para su salud y sus relaciones si no está en la zona de fortalezas. Y la investigación de Gallup ha demostrado que un enfoque basado en las fortalezas mejora su autoconocimiento, su dirección, su esperanza y su amabilidad hacia los demás.

Entonces ¿por qué no vive todo el mundo con un enfoque en las fortalezas?. Un gran problema es que la mayoría de las personas no son conscientes de sus propias fortalezas o no pueden describirlas. Ni las fortalezas de las personas a su alrededor.

SUS TEMAS DE TALENTO

"La mayoría de la gente piensa que saben en qué son buenos. Generalmente se equivocan. . . . Y, sin embargo, una persona puede actuar solo desde la fortaleza."

— Gurú de negocios Peter Drucker (1909-2005)

A mediados de la década de 1960, mi difunto mentor y el padre de la psicología de fortalezas, Don Clifton, se dio cuenta de que ya teníamos un sinnúmero de "idiomas" para describir lo que está mal con la personas. Además de las etiquetas informales utilizadas por las personas que nos rodean, el campo de la psicología tiene el DSM-IV, un manual de los trastornos descritos por un psicólogo líder como "un catálogo excesivo de lo que está mal con las personas." El mundo de los negocios tiene infinidad de modelos de competencia, la mayoría de los cuales están orientados a la descripción de lo que no está funcionando (aunque estas etiquetas son a menudo enmascaradas como "áreas de mejora").

Para iniciar más conversaciones sobre lo que está *bien* con las personas, en 1998, Clifton reunió a un equipo de científicos y estableció la ambiciosa meta de desarrollar un idioma común para el talento. Este equipo quería que los individuos y que las organizaciones tuvieran términos muy específicos para describir lo que las personas hacen bien. Así que excavamos en nuestra base de datos, que en ese momento contenía más de 100.000 entrevistas basadas en el talento, y buscamos patrones en los datos. Examinamos las preguntas específicas que se habían utilizado en nuestros estudios de ejecutivos exitosos, vendedores, representantes de atención al cliente, maestros, médicos, abogados, estudiantes, enfermeras y varias otras profesiones y campos. A través de este proceso, fuimos capaces de identificar 34 temas de talento que eran los más comunes en nuestra base de datos. Desarrollamos entonces la primera versión de la evaluación de Clifton StrengthsFinder para medir estos talentos distintos.

Estos 34 temas representan nuestro mejor intento de crear un idioma común o la clasificación de talentos. De ninguna manera captamos todo. Hay cientos de temas aun más específicos que no incluimos en esta clasificación. Sin embargo, queríamos mantener este idioma manejable para que fuera fácil de usar con equipos de trabajo, familias y amigos.

StrengthsFinder mide en realidad el talento, no la fortaleza. Al margen, lo nombramos "StrengthsFinder" en lugar de "TalentFinder" porque la meta final es crear una verdadera fortaleza y el talento es sólo uno de los ingredientes de esta fórmula. La evaluación no realiza pregunta acerca de su conocimiento, no hay preguntas sobre su educación formal, títulos ni currículo. Tampoco realiza preguntas acerca de sus habilidades, si es capaz de realizar los pasos fundamentales de la conducción de un automóvil, utilizar un paquete de software en particular ni vender un producto específico. Si bien estas son importantes, hemos descubierto que el conocimiento y las habilidades, junto con la práctica regular, son más útiles cuando sirven como amplificadores para sus talentos naturales.

Cuando realiza la evaluación, tiene solo 20 segundos para responder a cada elemento. Es rápido porque descubrimos que las respuestas instintivas, con lo primero que se le viene a la mente, son más reveladoras que las que daría si se sentara y debatiera cada pregunta.

En esencia, el instrumento intenta identificar sus respuestas naturales más intensas, que son menos propensas a cambiar con el tiempo.

Una receta para la fortaleza

Aunque definitivamente las personas *sí* cambian con el tiempo y nuestras personalidades se adaptan, los científicos descubrieron que los rasgos fundamentales de la personalidad son relativamente estables a lo largo de la adultez, como nuestras pasiones e intereses. Y la investigación más reciente sugiere que las raíces de nuestra personalidad podrían ser visibles a una edad aun más temprana de lo que se pensaba originalmente. Un estudio longitudinal cautivador que se realizó por 23 años en 1.000 niños de Nueva Zelanda, reveló que la personalidad observada de un niño a los 3 años muestra una notable similitud con los rasgos de su personalidad a los 26 años.[*] Esta es una de las razones por las que StrengthsFinder mide los elementos de su personalidad que son menos propensos a cambiar, sus talentos.

---

[*] Caspi, A., Harrington, H., Milne, B., Amell, J.W., Theodore, R.F., & Moffitt, T.E. (2003). Los estilos de comportamiento de los niños a los 3 años están vinculados a los rasgos de su personalidad adulta a los 26 años. *Revista de personalidad, 71*, 495-514.

El conocimiento, las habilidades y la práctica tan. son partes importantes de la ecuación de fortalezas. Sin hechos básicos en su mente y habilidades a su disposición, el talento puede quedar sin explotar. Afortunadamente, es también más fácil agregar conocimiento y habilidades a su repertorio. Siempre puede tomar un curso para entender las finanzas básicas, como también siempre puede aprender a cómo utilizar una nueva aplicación de software. Convertir talentos en verdaderas fortalezas también requiere práctica y trabajo duro, tanto como se necesita para desarrollar una resistencia física. Por ejemplo, si usted nació con el potencial para tener grandes bíceps, pero no hace ejercicios regularmente, estos no se van a desarrollar. Sin embargo, si usted *sí* trabaja igual de duro que alguien sin tanto potencial natural, es probable que vea mucho más recompensas.

Pero agregar talento en bruto es una historia muy diferente. Si bien puede ser posible, con una considerable cantidad de trabajo, agregar talento donde existe poco, nuestra investigación sugiere que puede que no sea el mejor uso de su tiempo. En cambio, hemos descubierto que las personas mas exitosas comienzan con talento dominante y, luego, agregan a la mezcla habilidades, conocimiento y práctica. Cuando hacen esto, el talento en bruto sirve como un *multiplicador.*

nto (una forma natural de pensar,
r y comportarse)

ıversión (tiempo que se utiliza
ɔracticando, desarrollando sus habilidades y
construyendo su base de conocimiento)

= **Fortaleza** (la habilidad de proporcionar de
manera consistente un desempeño casi perfecto)

Esto nos lleva de nuevo a Rudy Ruettiger, un clásico ejemplo de trabajo duro que compensa la falta de talento natural para alcanzar un nivel básico de competencia. Mientras Rudy pudo haber anotado un perfecto 5 en una escala de 1 a 5 para la inversión (el tiempo que pasó practicando y creando sus conocimientos y habilidades), vamos a suponer que era un 2 en la escala de talento. Así que su máximo potencial para la construcción de fortaleza en este área fue solo 10 (5 x 2), aun cuando obtuvo el puntaje más alto posible en la escala de la inversión. Y es probable que Rudy haya tenido compañeros para quienes la verdad era lo contrario, eran un 5 en el talento y sólo 2 en el tiempo invertido, lo cual es claramente un desperdicio de talento. Y, de vez en cuando, se ve a un jugador como el ex de Notre Dame, el gran Joe Montana, que tenía abundante talento natural combinado con trabajo duro y las oportunidades de desarrollo adecuadas. Esta combinación de un 5 en ambas áreas, lo que arroja una puntuación total de 25, en comparación con la puntuación de Rudy de 10, es lo que puede elevar a alguien a un nivel completamente diferente.

A pesar de que reconocemos que cada persona es diferente, con demasiada frecuencia le prestamos solamente atención superficial a esta perspectiva fundamental. Es relativamente fácil describir nuestra especialidad adquirida, pero la mayoría de nosotros luchamos cuando se nos pide que describamos nuestros talentos naturales. Si le resulta difícil nombrar todos sus talentos, de un paso atrás, y verá que los talentos a menudo tienen algo en común, un tema, que los conecta. Algunos talentos, como las tendencias naturales para compartir ideas, crear historias atractivas y para encontrar la palabra perfecta, se conectan directamente con la comunicación. Eso es lo que tienen en común, su tema. Así que, para comenzar a pensar y hablar de ellos, podemos llamarlos

Talentos de comunicación. Otros talentos, como la fiabilidad natural, el sentido de compromiso y evitar las excusas, tienen un tema de responsabilidad, por lo que los identificamos como Talentos de responsabilidad. Este idioma de temas nos da un punto de partida para descubrir nuestros talentos y aprender aun más acerca de nuestro potencial para la fortaleza.

Gestionar las debilidades

En cualquier ocupación o función, es útil conocer sus áreas de menor talento. Eso es especialmente cierto si las exigencias de su trabajo lo llevan en esa dirección, ya que sus talentos menores pueden conducir a la debilidad. Al estudiar las descripciones de los 34 temas, vea si puede identificar algunas áreas en las que carece claramente de talento y tiene poco potencial para crear una fortaleza. En muchos casos, simplemente ser consciente de sus áreas de menor talento puede ayudarlo a evitar obstáculos mayores.

Una vez que es capaz de reconocer, por ejemplo, que no es muy bueno para la gestión de detalles, se abren varias puertas para trabajar en torno a ese talento menor. La primera pregunta que debe hacerse es si es necesario que usted funcione en su área de talento menor en absoluto. Si es posible simplemente que evite hacer un trabajo orientado a los detalles, por todos los medios, aléjese de esa zona. Por supuesto, la mayoría de nosotros no podemos darnos el lujo de simplemente dejar de hacer tareas necesarias solo porque no somos naturalmente buenos en ellas. Cuando debe atender a los detalles, puede que tenga que establecer sistemas para administrar su talento menor y mantener las cosas en marcha. Si mantener su horario diario es un detalle que le da miedo, hay varias opciones, desde una agenda hasta un calendario electrónico.

Otra estrategia es asociarse con alguien que tenga más talento en las áreas en las que usted no lo tiene. Por ejemplo, el tema Inclusión es un área de talento menor para mí. Las personas que tienen este talento son muy buenas para asegurarse de que todos se sientan involucrados y parte de cualquier esfuerzo de equipo. Por el contrario, puedo correr para reunir a un grupo sin tener en cuenta a todos los involucrados y, en muchos casos, esto causa que algunas personas se sientan excluidas. Así que he aprendido a asociarme con mi colega, Amanda, que lidera con su Inclusión. Ella me ayuda a pensar en incluir personas a las que, de otra forma, no hubiera considerado. En varios casos, esto nos ha ayudado a descubrir talentos ocultos de las personas y a construir un equipo más fuerte.

Puntos ciegos

Es esencial también intentar ser más consciente de los "puntos ciegos" causados por sus talentos. Por ejemplo, aquellos de nosotros con Mando fuerte, podemos no darnos cuenta de los daños ocasionados a nuestro paso mientras presionamos para que las cosas se hagan cada día. O como las personas con talento Consistente dominante que se enfocan tanto en mantener uniformes los pasos que ignoran el resultado global o la meta.

Entonces, mientras que nuestros talentos sirven principalmente para mantenernos en el camino, a veces pueden descarrilar nuestras búsquedas. En la Parte II, encontrará 10 Ideas para la acción para cada uno de los 34 temas. Muchos de estos elementos de acción le ayudarán cuando esté en la búsqueda de puntos ciegos que puedan resultar de sus talentos dominantes. La clave es que usted sea consciente de su potencial *y* de sus limitaciones.

La nueva evaluación, el sitio web y la guía de desarrollo

El análisis de millones de entrevistas de StrengthsFinder nos permitió perfeccionar la evaluación en una segunda versión aun más rápida y precisa. También hemos estado trabajando para recabar percepciones más avanzadas de los cientos de artículos que recogemos mientras realiza la evaluación.

A pesar de que los 34 temas ayudan a describir una gran parte de la variación en el talento humano, no captan muchos matices de las personalidades únicas. Mientras usted y algunos amigos tengan Aprendedor entre sus cinco principales temas, los puntos finos de esos talentos y la forma en que se expresan varían mucho de persona a persona: uno de ustedes puede aprender de la lectura de varios libros cada mes, mientras que otro aprende principalmente haciendo y quizás otro aprende de una curiosidad insaciable y de buscar todo en Google.

Para ayudarlo a pensar acerca de sus propios talentos en un nivel más específico e individualizado, hemos añadido más de 5.000 Entendimientos de las Fortalezas en StrengthsFinder 2.0. Sobre la base de combinaciones únicas de sus respuestas a los elementos individuales durante la evaluación, estas percepciones le darán un análisis en profundidad de cómo cada uno de sus cinco temas principales influyen en su vida. A diferencia de las descripciones del tema compartidas en StrengthsFinder 1.0, que son las mismas para todos, las descripciones de su reporte de StrengthsFinder 2.0 serán personalizadas para describir *su* personalidad.

Para crear estas descripciones temáticas altamente personalizadas, comparamos todas sus respuestas en estos más de 5.000 Entendimientos de las Fortalezas con nuestra base de datos masiva y luego construimos sus descripciones del tema sobre la base de lo *que más lo destaca a usted del resto*. A diferencia de sus cinco principales temas de talento, que son propensos a solaparse con la gente que conoce y sirven a un propósito importante en la prestación de un idioma común, los Entendimientos de las Fortalezas son acerca de lo que lo hace único.

Una vez que haya terminado la evaluación de StrengthsFinder 2.0, recibirá una *Guía de descubrimiento de fortalezas y de planificación de acciones* integral que incluye:

- El reporte de sus cinco temas principales, construido en torno a las nuevas descripciones del Entendimiento de las Fortalezas

- 50 Ideas para la acción (10 para cada uno de sus cinco temas principales) sobre la base de las miles de sugerencias de prácticas recomendadas que hemos revisado

- Una Entrevista para el descubrimiento de fortalezas que le ayuda a pensar acerca de cómo su experiencia, habilidades y conocimiento pueden ayudarlo a construir fortalezas

- Un Plan de acción basado en fortalezas para establecer metas específicas para crear y aplicar sus fortalezas a la semana, el mes y el año siguientes

También puede encontrar estos recursos en el nuevo sitio web:

- Una opción en línea para la personalización de su plan de acción basado en las fortalezas

- Un foro de debate de fortalezas

- Una herramienta para la creación de tarjetas de presentación personalizadas de sus cinco temas principales

- Un protector de pantalla de fortalezas con descripciones rotativas y citas de los 34 temas que usted puede descargar

- Una guía de referencia rápida para los puntos básicos de las fortalezas

- Un resumen general y detallado de la investigación de Gallup sobre el desarrollo basado en fortalezas y los fundamentos técnicos de la evaluación StrengthsFinder 2.0.

- Una visión general de cada uno de los 34 temas, incluidas descripciones breves y completas

- Una cuadrícula de fortalezas del equipo para la asignación de los talentos de aquellos que lo rodean

- Una guía para los debates basados en las fortalezas, en las organizaciones

- Una guía para los debates basados en las fortalezas, en el hogar

PENSAMIENTOS DE DESPEDIDA

Nuestros talentos y pasiones naturales, las cosas que realmente amamos hacer, duran toda la vida. Pero con demasiada frecuencia, no explotamos nuestros talentos. Mark Twain describió una vez a un hombre que murió y se reunió con San Pedro en las puertas del cielo. Sabiendo que San Pedro era muy sabio, el hombre le preguntó algo que se venía preguntando toda su vida.

Dijo, "San Pedro, he estado interesado en la historia militar durante muchos años. ¿Quién fue el mejor general de todos los tiempos?"

San Pedro respondió rápidamente, "Oh, esa es una pregunta sencilla. Es ese hombre que está justo ahí".

"Debe estar equivocado", respondió el hombre, ahora muy perplejo. "Yo conocí a ese hombre en la tierra y no era más que un simple trabajador."

"Así es, amigo mío", reafirmó San Pedro. "Podría haber sido el mejor general de todos los tiempos, *si hubiera sido un general.*"

Esta historia ilustra una verdad que es, por desgracia, muy común. Demasiada gente se pasa la vida yendo en la dirección equivocada. Ellos van no solo desde la cuna hasta el cubículo, sino que luego al ataúd, sin destapar sus grandes talentos y su potencial.

Este es el motivo por lo cual es esencial no solo descubrir y desarrollar sus fortalezas tan pronto como sea posible, sino también ayudar a las personas a su alrededor a construir sobre sus talentos naturales. Ya sea que esté ayudando a un buen amigo a darse cuenta de que tiene un talento natural en traer nuevas ideas, apoyando a un colega mientras busca algo que encaje mejor con sus talentos en el trabajo o ayudando a un joven a entender que su competitividad natural podría ser un activo durante toda la vida en lugar de un obstáculo, estas acciones comenzarán a cambiar el mundo a su alrededor. Todo ser humano tiene talentos que están esperando a ser descubiertos.

UTILIZAR STRENGTHSFINDER 2.0

Para ayudarlo a construir sobre sus talentos y los talentos de las personas que lo rodean, realice la evaluación de StrengthsFinder 2.0 ahora. Inicie sesión en Strengths.gallup.com. Necesitará el código de acceso único del paquete situado en la parte posterior de este libro para realizar la evaluación. Tardará alrededor de 30 minutos.

Después de haber completado la evaluación, lea la Parte II: Aplicar sus fortalezas. Esta sección presenta, para cada uno de los 34 temas, la descripción estándar del tema, ejemplos de cómo se expresan personas con ese tema, Ideas para la acción y consejos sobre cómo trabajar con otras personas que tienen talentos fuertes en ese tema.

Recuerde que el propósito de StrengthsFinder 2.0 no es ungirlo con fortalezas, sino que simplemente ayudarlo a encontrar las áreas *donde tenga el mayor potencial para desarrollar fortalezas.*

PARTE II:
APLICAR SUS FORTALEZAS

LOS 34 TEMAS E IDEAS PARA LA ACCIÓN

Activador
Adaptabilidad
Afinidad
Analítico
Aprendedor
Armonía
Autoconfianza
Coleccionador
Competitivo
Comunicación
Conexión
Consistente
Contexto
Coordinador
Creencia
Deliberativo
Desarrollador
Disciplina
Empatía
Enfoque
Estratégico
Futurista
Idear
Inclusión
Individualización
Intelección
Logrador
Mando
Maximizador
Positivo
Responsabilidad
Restaurador
Significación
Sociable

ACTIVADOR

"¿Cuándo podemos comenzar?". Esta es una pregunta recurrente en su vida. Está impaciente por acción. Puede reconocer que el análisis tiene sus usos o que el debate y la discusión en ocasiones pueden producir ideas valiosas, pero en el fondo sabe que solo la acción es real. Solo la acción puede hacer que sucedan cosas. Solo la acción lleva al desempeño. Una vez que se toma una decisión, no puede no actuar. Otros pueden preocuparse de que "todavía hay algunas cosas que no sabemos", pero esto no parece frenarlo. Si se ha tomado la decisión de ir por la ciudad, sabe que la manera más rápida de llegar es ir semáforo a semáforo. No va a sentarse a esperar hasta que todas las luces cambien a verdes. Además, en su opinión, la acción y el pensamiento no se oponen. De hecho, guiado por su tema Activador, cree que la acción es el mejor dispositivo para el aprendizaje. Toma una decisión, toma medidas, ve el resultado y aprende. Este aprendizaje le informa su próxima acción. ¿Cómo puede crecer si no tiene nada que lo haga reaccionar? Bien, usted cree que no puede. Debe exponerse allí. Debe realizar el paso siguiente. Es la única manera de mantener su pensamiento fresco e informado. La conclusión es: usted sabe que no va a ser juzgado por lo que dice o piensa, sino por lo que se hace. Esto no lo asusta. Le complace.

El Activador se expresa así:

Jane C., Monja benedictina: "Cuando fui la madre superiora por los años 1970, fuimos golpeadas por una escasez de energía, y los costos se fueron al cielo. Teníamos más de 56 hectáreas, las cuales recorría caminando todos los días pensando en lo que podía hacer con respecto a la escasez de energía. De pronto decidí que si teníamos tanta tierra, deberíamos extraer nuestra propia gasolina, y así lo hicimos. Invertimos cien mil dólares excavando un pozo petrolero. Si usted nunca ha excavado un pozo petrolero es probable que no sepa lo que yo tampoco sabía en ese entonces; se deben invertir setenta mil dólares excavando solo para saber si tiene petróleo en su propiedad. Así que perforaron hacia dentro con una especie de cámara vibratoria y me dijeron que en efecto, había un yacimiento de petróleo. Pero no sabían qué tan grande era ni tampoco si había suficiente presión como para traerlo a la superficie. 'Si paga otros treinta mil dólares, intentaremos liberar el pozo, dijeron'. 'Si no desea que lo hagamos, lo taparemos, tomaremos nuestros setenta mil dólares y nos iremos'. De modo que les entregué los últimos treinta mil dólares, y por suerte, subió. Eso fue hace veinte años, y sigue bombeando".

Jim L., emprendedor: "Algunas personas consideran que mi impaciencia tiene que ver con no desear enfocar mi atención en las trampas, en los obstáculos potenciales. Lo que repito una y otra vez es, 'deseo saber cuándo me voy a estrellar contra un muro, y necesito que usted me diga cuánto me va a doler. Pero si elijo estrellarme contra el muro de todas maneras, no se preocupe, usted hizo su trabajo. Solo tenía que experimentarlo por mí mismo'".

Ideas para la acción

❑ Busque un empleo donde pueda tomar sus propias decisiones y proceda de acuerdo con estas. En especial, busque situaciones de puesta en marcha o de cambio.

❑ En el empleo, asegúrese de que su gerente lo juzgue por resultados medibles en lugar de hacerlo por su proceso. Su proceso no siempre es el mejor.

❑ Puede transformar ideas innovadoras en acción inmediata. Busque pensadores creativos y originales, y ayúdelos a transformar sus ideas de la teoría conceptual a la práctica concreta.

❑ Busque las áreas que estén empantanadas en la discusión o bloqueadas por barreras. Ponga fin al estancamiento creando un plan para poner las cosas en movimiento e incitar a los demás a la acción.

❑ Aprende más de la experiencia real que de las discusiones teóricas. Para desarrollarse, expóngase deliberadamente a experiencias exigentes que pongan a prueba sus talentos, habilidades y conocimientos.

❑ Recuerde que si bien su tenacidad es poderosa, puede intimidar a algunos. Su talento Activador será más eficaz cuando en primer lugar se gana la confianza y la lealtad de los demás.

❑ Identifique a las personas más influyentes en la toma de decisiones de su organización. Proponga almorzar con cada una de ellas al menos una vez al trimestre para exponer sus ideas. Pueden apoyarlo en su activación y proporcionarle recursos cruciales para que haga realidad sus ideas.

❑ Fácilmente puede vigorizar los planes y las ideas de los demás. Considere asociarse con personas enfocadas, futuristas, estratégicas o analíticas que aporten dirección y planificación a su activación, así se creará una oportunidad de lograr consensos y hacer que otros sigan el plan. Al hacerlo, usted se complementa con los demás.

❑ Explique los motivos por los que se deben conceder sus solicitudes para hacer algo. De lo contrario, los demás lo podrían rechazar por impaciente y catalogarlo como una persona que actúa rápido y sin pensar.

❑ Usted posee la capacidad de crear movimiento e impulso en los demás. Sea estratégico y prudente en el uso de su talento Activador. ¿Cuál es el mejor momento, dónde está el mejor lugar y quiénes son las mejores personas con las que puede aprovechar su valiosa influencia?

Trabajar con otros que tienen Activador

❑ Dígale a esta persona que usted sabe que es alguien que puede hacer que las cosas sucedan y que le pedirá ayuda en momentos claves. Sus expectativas le darán energía.

❑ Cuando esta persona exprese algún reclamo, escúchela con atención; puede aprender algo. Luego póngala de su lado hablándole de nuevas iniciativas que puede dirigir o de nuevas mejoras que pueda hacer. Haga esto de inmediato, ya que si no se resuelve, esta persona puede despertar la negatividad en caso de perder el rumbo.

❑ Pregúntele a esta persona qué nuevas metas o mejoras necesita alcanzar su equipo. Luego ayúdele a ver qué medidas puede tomar para comenzar a avanzar hacia estas metas.

ADAPTABILIDAD

Se vive el momento. No se ve el futuro como un destino fijo. En cambio, se ve como un lugar que se puede crear a partir de las elecciones que hace en el momento. Y se descubre el futuro de a poco. Esto no significa que no tenga planes. Es probable que los tenga. Pero este tema de Adaptabilidad le permite responder voluntariamente a las exigencias del momento, incluso si las circunstancias lo sacan de sus planes. A diferencia de algunas personas, no le molestan las solicitudes repentinas o los desvíos imprevistos. Los espera. Son inevitables. De hecho, en algún nivel realmente puede esperarlos. En el fondo es una persona muy flexible que puede seguir siendo productiva cuando las exigencias del trabajo lo conducen en muchas direcciones diferentes a la vez.

La Adaptabilidad se expresa así:

Marie T., productora de televisión: "Me encanta la televisión en vivo porque nunca se sabe lo que va a ocurrir. En un minuto podría estar armando un segmento sobre los mejores regalos navideños para adolescentes, y en el siguiente, estoy preparando la entrevista a un candidato a presidente. Supongo que siempre fui así. Vivo el momento. Si alguien me pregunta: "¿Qué harás mañana?", mi respuesta siempre es: "Cielos, no lo sé". Depende del ánimo con que esté'. Vuelvo loco a mi novio porque él hace planes para que vayamos a un mercado de antigüedades el domingo por la tarde, y justo a último minuto, cambio de idea y le digo 'Mejor vámonos a casa y leemos los periódicos del domingo'. Irritante, ¿no? Sí, pero lo positivo de esto es que estoy preparada para todo".

Linda G., gerente de proyectos: "En donde yo trabajo, soy la persona más tranquila que conozco. Cuando alguien entra y dice 'No planificamos bien. Necesitamos corregir esto para mañana', parece que mis colegas se tensan al punto de congelarse. De alguna manera, a mí no me ocurre eso. Me agrada esa presión que necesita respuesta inmediata. Me hace sentir viva".

Peter F., entrenador corporativo: "Creo que abordo la vida mejor que la mayoría de las personas. La semana pasada, me encontré con que habían quebrado la ventana de mi coche y que me habían robado el estéreo. Estaba enfadado, pero ni por un momento eso me amargó el día. Simplemente limpié, me subí al coche y me dirigí a hacer las cosas que debía hacer ese día".

Ideas para la acción

❑ Hágase reputación de persona calma y que tranquiliza a los demás cuando se molestan con los sucesos diarios.

❑ Evite desempeñar roles que exijan estructura y predictibilidad. Estos roles le darán una sensación de frustración casi inmediata, lo harán sentirse incompetente y reprimirán su independencia.

❑ Cuando hay presión, ayude a sus amigos, colegas y clientes indecisos a encontrar formas de recobrar la calma y tomar el control de la situación. Explique que la adaptabilidad no es tan sólo adaptarse a las dificultades que se presentan; se trata de responder a las circunstancias de manera calmada, inteligente e inmediata.

❑ No deje que los demás abusen de su flexibilidad inherente. Aunque su talento Adaptabilidad le es útil, no comprometa su éxito a largo plazo accediendo a cada capricho, deseo o exigencia de los demás. Use pautas inteligentes que le permitan decidir cuándo ser flexible y cuándo mantenerse firme.

❑ Busque trabajos en los que el éxito dependa de la capacidad de reaccionar ante circunstancias de cambio constante. Considere carreras como periodismo, producción de televisión en vivo, atención médica de emergencia y atención al cliente. En estos roles, se destacan los que reaccionan más rápido y se mantienen equilibrados.

❑ Ponga a punto su capacidad de respuesta pronta. Por ejemplo, si en su trabajo debe hacer viajes inesperados, aprenda a empacar y salir en 30 minutos. Si en su trabajo la presión viene en rachas impredecibles, practique las primeras tres medidas que tomará siempre cuando haya presión.

❑ Recurra a los demás para planificar. Las personas en quienes resaltan los talentos Enfoque, Estratégicos o de Creencia pueden ayudarlo a darle forma a sus metas a largo plazo, permitiendo así que usted se encargue de dar lo mejor de sí ante los cambios del día a día.

❑ Su talento Adaptabilidad le proporciona una mentalidad equilibrada que le permite sortear las circunstancias cambiantes sin transformarse en un volcán de emociones. Su postura de "no llorar sobre la leche derramada" le ayudará a recuperarse rápidamente de los contratiempos. Acepte este aspecto de su naturaleza, y ayude a que sus amigos y colegas entiendan que es una flexibilidad productiva y no una actitud de "no me importa".

❑ Evite las tareas que son demasiado estructuradas y que repriman su necesidad de variedad. Si le dan una lista de tareas a completar, intente satisfacer su deseo de flexibilidad haciendo un juego a partir de esa lista. Vea si puede ser creativo y hacer que las tareas sean de alguna manera más divertidas.

❑ Use abiertamente su comportamiento tranquilizador para calmar a los amigos o compañeros de trabajo que estén contrariados. Piense en el enfoque que usó y recuerde aplicarlo nuevamente cuando se presente la situación.

Trabajar con otros que tienen Adaptabilidad

❑ La naturaleza instintivamente flexible de esta persona la convierte en un agregado valioso para casi cualquier equipo. Cuando los planes salgan mal, se adaptará a las nuevas circunstancias y tratará de avanzar. No va a sentarse en el banquillo y permanecer enfadado.

❑ Con la voluntad de esta persona de "ir con la corriente", puede proporcionar un entorno maravilloso en el que otros pueden experimentar y aprender.

❑ Esta persona va a ser más productiva en asignaciones a corto plazo que requieren una acción inmediata. Prefiere una vida llena de muchas escaramuzas rápidas en lugar de campañas interminables largas.

AFINIDAD

Afinidad describe su actitud hacia sus relaciones. En términos simples, el tema Afinidad lo empuja hacia la gente que ya conoce. No evita necesariamente conocer gente nueva, de hecho, es posible que tenga otros temas que hagan que disfrute de la emoción de convertir a extraños en amigos, pero obtiene una gran cantidad de placer y fortaleza cuando está rodeado de sus amigos más cercanos. Usted se siente cómodo con la intimidad. Una vez realizada la conexión inicial, usted promueve deliberadamente la profundización de la relación. Quiere entender sus sentimientos, sus metas, sus miedos y sus sueños, y quiere que ellos entiendan los suyos. Usted sabe que este tipo de acercamiento implica una cierta cantidad de riesgo, se podrían aprovechar de usted, pero está dispuesto a aceptar ese riesgo. Para usted, una relación tiene valor solo si es genuina. Y la única manera de saber si lo es, es encomendándose a la otra persona. Cuanto más comparte con los demás, más arriesgan juntos. Cuanto más arriesgan juntos, más prueban ambos que el cariño es genuino. Estos son sus pasos hacia la verdadera amistad, y los sigue voluntariamente.

La Afinidad se expresa así:

Jamie T., empresario: "Definitivamente soy selectivo en mis relaciones. Cuando recién conozco a alguien, no deseo dedicarle mucho tiempo. No lo conozco, no me conoce, así que solo soy agradable, y dejo las cosas tal como están. Pero si las circunstancias hacen que nos conozcamos más, pareciera como que llego a un umbral en donde de pronto deseo invertir más. Hablaré más acerca de mí, me expondré, haré cosas por ellos que nos acercarán un poco, y demostraré interés. Es divertido, ya que no busco más amigos en mi vida. Tengo los suficientes.

Y aun así, con cada persona que conozco, tan pronto llego a ese umbral, me siento impulsado a profundizar cada vez más. Ahora son diez las personas que trabajan para mí, y a cada una de ellas me referiría como un muy buen amigo".

Gavin T., auxiliar de vuelo: "Conozco a muchas personas maravillosas, pero en cuanto a verdaderos amigos, a los que valoro, no son muchos. En verdad eso me parece bien. Mis mejores momentos los paso con las personas más cercanas, como mi familia. Somos una familia de católicos irlandeses muy unida, y nos reunimos siempre que podemos. Es una gran familia, tengo cinco hermanos y hermanas, diez sobrinos y sobrinas, pero nos reunimos una vez al mes más o menos, a hacer payasadas. Yo soy el catalizador. Cuando vuelvo a Chicago, aun cuando no haya un cumpleaños o un aniversario o lo que sea, soy la excusa para reunirnos a payasear por tres o cuatro días. Realmente disfrutamos de estar juntos.

Tony D., piloto: "Solía volar en la infantería de marina, y vea, lo mejor era sentirse bien con la palabra "amigo" en la Marina. Lo mejor era confiar en alguien más. No podría decir cuántas veces mi vida dependió de alguien más. Un día me estaba alejando del ala de mi amigo, y estaría muerto si él no me hubiese traído de vuelta en forma segura".

Ideas para la acción

❑ Encuentre un lugar de trabajo en el que se fomente la amistad. No se destacará en una organización demasiado formal. En las entrevistas de trabajo, pregunte por los estilos de trabajo y la cultura de la empresa.

❑ Propóngase aprender lo más posible acerca de las personas que conoce. A usted le gusta saber sobre las personas, y a las personas les gusta que se sepa de ellas. De este modo, será un catalizador de relaciones basadas en la confianza.

❏ Hágales saber a los demás que a usted le interesa más el carácter y la personalidad de la gente que la situación o puesto de trabajo que tengan. Ésta es una de sus fortalezas y puede servir de modelo para los demás.

❏ Demuestre su interés. Por ejemplo, acérquese a personas de la empresa a quienes les pueda servir de mentor, ayude a sus colegas a que se conozcan mejor o extienda sus relaciones más allá del ámbito laboral.

❏ No importa qué tan ocupado esté, manténgase en contacto con sus amigos. Ellos son su combustible.

❏ Sea sincero con sus amigos. Tener un genuino interés en los demás significa ayudarlos a tener éxito y a sentirse realizados. Por lo tanto, hacer comentarios sinceros o alentar a un amigo a dejar un trabajo en el que está teniendo muchas dificultades es un acto compasivo.

❏ Probablemente usted prefiere que lo consideren como persona, y no como un cargo, un jefe o un título profesional. Comunique a las personas que pueden dirigirse a usted por su nombre de pila, y no formalmente.

❏ Puede que tienda a reprimir los aspectos más cautivadores de su personalidad hasta sentir que la otra persona se abre a usted. Recuerde que construir relaciones es un camino de ida y vuelta. Expóngase en forma proactiva. Los demás apreciarán rápidamente a la persona genuina que hay en usted, y creará muchas oportunidades para cultivar conexiones sólidas y duraderas.

□ Tómese un tiempo para pasar con la familia y los amigos cercanos. Necesita pasar tiempo de calidad con aquellos que ama con el fin de "nutrir" su talento Afinidad. Programe actividades que le permitan acercarse aun más a personas que lo mantengan arraigado y alegre.

□ Haga un esfuerzo por socializar con sus compañeros y con los miembros del equipo fuera de su trabajo. Puede ser algo tan sencillo como almorzar o tomar un café juntos. Esto lo ayudará a forjar relaciones más conectadas en su trabajo, lo que a su vez puede facilitar un trabajo de equipo más eficaz y la cooperación.

Trabajar con otros que tienen Afinidad

□ Esta persona disfruta de desarrollar lazos genuinos con sus colegas. Construir estas relaciones toma tiempo, por lo que debe invertir en ellos regularmente.

□ Dígale a esta persona directamente que se preocupa por ella. Es más que probable que a esta persona este lenguaje no le resulte inapropiado y lo acepte. Ella organiza su vida alrededor de sus relaciones cercanas, por lo que va a querer saber en dónde se encuentra con usted.

□ Confíe en esta persona con información confidencial. Es leal, le da un gran valor a la confianza y no traicionará a los suyos.

ANALÍTICO

Su tema Analítico lo lleva a desafiar a los demás: "Demuéstralo. Muéstrame que lo que está afirmando es cierto."Frente a este tipo de preguntas, algunas personas encontrarán que sus brillantes teorías se marchitan y mueren. Para usted, este es precisamente el punto. No desea necesariamente destruir las ideas de otras personas, pero insiste en que sus teorías sean sólidas. Se ve a sí mismo como objetivo e imperturbable. Le gustan los datos porque no tienen valor. No tienen un plan oculto. Equipado con esta información, usted busca patrones y conexiones. Quiere entender cómo ciertos patrones repercuten entre sí. ¿Cómo se combinan? ¿Cuál es el resultado? ¿Corresponde este resultado a la teoría que se ofrece o la situación que se enfrenta? Estas son sus preguntas. Usted gradualmente va sacando capas hasta conocer la raíz o las causas principales. Otros lo ven como lógico y riguroso. Con el tiempo vendrán a usted para presentar el "pensamiento fantasioso" o el "pensamiento torpe" de alguien a su mente perfeccionista. Se espera que su análisis no sea demasiado severo. De lo contrario, otros pueden evitarlo cuando ese "pensamiento fantasioso" sea propio.

El Analítico se expresa así:

José G., administrador de sistema escolar: "Tengo una capacidad innata para ver las estructuras, las formas y los patrones antes de que existan". Por ejemplo, cuando las personas están pensando en redactar una solicitud para una beca, mi cerebro intuitivamente procesa el tipo de becas que hay disponibles y la forma de ajustar los argumentos a los requisitos de postulación, hasta el formato en que la información puede introducirse en el formulario de la beca de manera clara y convincente".

Jack T., ejecutivo de recursos humanos: "Si hago una afirmación, necesito la certeza de que puedo respaldarla con hechos y con pensamiento lógico. Por ejemplo, si alguien dice que nuestra empresa está pagando menos que las demás empresas, siempre pregunto "¿Por qué dice eso?". Si responden "Bueno, vi un anuncio en un periódico que le ofrecía a los profesionales titulados en ingeniería mecánica cinco mil dólares más de lo que nosotros pagamos", responderé preguntando "Pero, ¿dónde trabajarán esos profesionales?" ¿Ese sueldo se basa en características geográficas? ¿A qué tipo de empresas apuntan? ¿Son empresas fabricantes, como la nuestra? ¿Y cuántas personas tienen en la muestra? ¿Son tres personas, y una de ellas llegó a un acuerdo realmente bueno, subiendo así el promedio general?' Hay muchas preguntas que necesito formular para cerciorarme de que su afirmación es realmente un hecho, y no se basa solo en información engañosa".

Leslie J., directora de escuela: "Muchas veces hay inconsistencias en el desempeño del mismo grupo de alumnos entre un año y el siguiente. Es el mismo grupo de chicos, pero sus calificaciones difieren de año en año. ¿Cómo puede ser esto? ¿En cuál edificio están los chicos? ¿Cuántos de esos chicos se han matriculado para el año académico completo? ¿A qué maestros fueron asignados, y cuáles fueron los métodos de enseñanza que usaron esos maestros? Sencillamente me encanta hacer este tipo de preguntas para comprender qué es lo que está ocurriendo".

Ideas para la acción

❑ Elija trabajos en los que se le pague por analizar información, encontrar patrones u organizar ideas. Por ejemplo, usted puede llegar a destacarse en el área de investigación de mercadeo, financiera, médica o en administración de bases de datos, edición o administración de riesgos.

Analítico

❑ Sea cual fuere su rol, identifique fuentes creíbles en las que pueda confiar. Usted se desempeña mejor cuando tiene fuentes de información y de números bien documentadas que respalden su lógica. Por ejemplo, determine qué libros, sitios Web o publicaciones le pueden servir mejor como referencia.

❑ Su mente trabaja constantemente y produce análisis intuitivos. ¿Los demás lo saben? Busque la mejor manera de expresar sus pensamientos: escritura, conversaciones privadas, discusiones grupales, quizás charlas o presentaciones. Agréguele valor a sus pensamientos comunicándolos.

❑ Asegúrese de que su acumulación y análisis de la información siempre lo conduzcan a su aplicación e implementación. Si no lo hace naturalmente, busque un compañero que lo lleve de la teoría a la práctica, del pensamiento a la acción. Esta persona ayudará a garantizar que su análisis no se transforme en parálisis.

❑ Tome un curso académico que le sirva para expandir su talento Analítico. Específicamente, analice a personas cuya lógica usted admira.

❑ Ofrezca voluntariamente su talento Analítico. Usted puede serles particularmente útil a aquellas personas que se esfuerzan por administrar grandes cantidades de información o que les cuesta estructurar sus ideas.

❑ Asóciese con alguien que tenga un fuerte talento Activador. La impaciencia de esta persona lo hará pasar rápidamente de la fase analítica a la fase de la acción.

- Puede permanecer escéptico hasta que ve una prueba contundente. Su escepticismo garantiza validez, pero otros pueden tomarlo como algo personal. Ayude a los demás a darse cuenta de que su escepticismo es principalmente con los datos, no con las personas.

- Busque patrones en los datos. Busque si puede distinguir un motivo, precedente o relación en las puntuaciones o los números. Al conectar los puntos en los datos e inferir los vínculos causales, es posible que pueda ayudar a los demás a ver estos patrones.

- Ayude a que los demás entiendan que su enfoque analítico a menudo requerirá datos y otra información para sustentar lógicamente las nuevas ideas que podrían sugerir.

Trabajar con otros que tienen Analítico

- Siempre que esta persona esté involucrada con una decisión importante, tómese el tiempo de pensar en los problemas con ella. Ella querrá saber todos los factores claves que intervienen.

- Cuando esté defendiendo una decisión o un principio, muestre a esta persona los números de apoyo. Instintivamente le da más credibilidad a la información que muestran los números.

- Debido a que la precisión es tan importante para esta persona, lograr que una tarea se haga correctamente puede ser más importante para ella que cumplir una fecha límite. Por lo tanto, a medida que se acerca la fecha límite, verifique con ella para asegurarse de que tiene el tiempo necesario para hacer bien el trabajo.

APRENDEDOR

Le encanta aprender. El área que más le interese será determinado por sus otros temas y experiencias, pero sea cual sea esa área, siempre se sentirá atraído por el proceso de aprendizaje. El proceso, más que el contenido o el resultado, es especialmente emocionante para usted. El viaje constante y deliberado de la ignorancia a la energía le suministra energía. La emoción de los primeros hechos, los primeros esfuerzos para recitar o practicar lo que ha aprendido, el creciente autoconocimiento de dominar una habilidad: este es el proceso que le atrae. Su entusiasmo lo lleva a participar en experiencias de aprendizaje para adultos: clases de yoga, de piano o clases de posgrado. Le permite prosperar en entornos de trabajo dinámicos, donde se le pide que asuma tareas en proyectos cortos y se espera que aprenda mucho sobre el nuevo tema en un corto período de tiempo y luego pase al siguiente. Este tema Aprendedor no significa necesariamente que usted busca convertirse en un experto en la materia, o que está luchando por el respeto que acompaña a una credencial profesional o académica. El resultado del aprendizaje es menos importante que "llegar allí."

El Aprendedor se expresa así:

Annie M., editora: "Me impaciento cuando no estoy aprendiendo algo. El año pasado, pese a que disfrutaba mi trabajo, no sentía que estaba aprendiendo lo suficiente. De modo que tomé un curso de zapateo americano. Suena extraño, ¿no? Se que nunca voy a presentarme en público ni nada por el estilo, pero disfruto de centrarme en la habilidad técnica del taconeo, superándome semana a semana, y pasando desde el grupo de principiantes al grupo de intermedios. Me encantó".

Miles A., gerente de operaciones: "Cuando tenía siete años, mis maestros le decían a mis padres, 'Miles no es el chico más inteligente de la escuela, pero absorbe todo lo que aprende, y es probable que llegue muy lejos ya que se esforzará y estará permanentemente en busca de cosas nuevas'. En este momento acabo de comenzar un curso de español de negocios. Sé que es probable que sea demasiado ambicioso pensar que puedo aprender español conversacional y volverme totalmente experto en ese idioma, pero al menos quiero ser capaz de viajar y conocer el idioma".

Tim S., coach de ejecutivos: "Uno de mis clientes es tan curioso que se desespera porque no puede hacer todo lo que desea. Yo soy diferente. No soy curioso en el sentido amplio. Prefiero ir más profundo de modo que pueda ser competente en el tema y aplicar eso en el trabajo. Por ejemplo, hace poco tiempo uno de mis clientes quería que yo lo acompañara en un viaje a Niza, en Francia, para participar en un negocio. Así que empecé a leer acerca de la región, compré libros y busqué en Internet. Todo era interesante y disfruté el estudio, pero no lo habría hecho de no haber tenido que viajar por trabajo a ese lugar".

Ideas para la acción

❑ Perfeccione su forma de aprender. Por ejemplo, puede que aprenda mejor al enseñar. Si es así, busque las oportunidades de realizar presentaciones ante los demás. Puede ser que aprenda mejor a través de la reflexión tranquila. Si es así, encuentre esos momentos de quietud.

❑ Desarrolle maneras de hacer un seguimiento de su aprendizaje. Si existiesen distintos niveles o etapas en una disciplina o actividad, tómese un momento para celebrar su paso de un nivel al siguiente. Si no existiesen tales niveles, créelos para sí mismo (por ejemplo, la lectura de cinco libros o el realizar tres presentaciones sobre la materia).

☐ Sea un catalizador para el cambio. Los demás pueden intimidarse por las nuevas reglas, las nuevas destrezas o las nuevas circunstancias. Su disposición de absorber estas novedades puede tranquilizar sus temores y estimularlos a la acción. Tómese en serio esta responsabilidad.

☐ Busque roles que requieran de alguna forma de competencia técnica. Disfrutará del proceso de adquirir y mantener esta especialidad.

☐ En la medida de lo posible, oriente su carrera hacia un campo donde las tecnologías o normativas cambien constantemente. Se sentirá vigorizado por el reto de mantenerse al día.

☐ Debido a que no se siente amenazado por la información desconocida, es probable que se destaque en un rol de asesoría (ya sea interna o externa), en el que se le pague por analizar nuevas situaciones y aprender nuevos conocimientos o idiomas con mucha rapidez.

☐ La investigación respalda el vínculo entre aprendizaje y desempeño. Cuando las personas tienen la oportunidad de aprender y desarrollarse, se vuelven más productivas y leales. Busque las maneras de medir el grado al cual usted y los demás sienten que sus necesidades de aprendizaje se cumplen, de crear hitos de aprendizaje individuales y de recompensar los logros en el aprendizaje.

☐ En el trabajo, aproveche los programas que subsidien su aprendizaje. Puede que su organización desee pagar en parte o en su totalidad sus cursos formativos o sus certificaciones. Solicite a su gerente información acerca de becas u otras oportunidades formativas.

❑ Honre su deseo de aprender. Aproveche las oportunidades de educación para adultos disponibles en su comunidad. Disciplínese inscribiéndose cada año en al menos un curso académico o de formación para adultos.

❑ El tiempo desaparece y su atención se intensifica cuando está absorto en el estudio o en el aprendizaje. Permítase "mantener el rumbo" programando sesiones de aprendizaje durante períodos que no sean interrumpidos por compromisos acuciantes.

Trabajar con otros que tienen Aprendedor

❑ Independientemente del papel de esta persona, estará ansiosa por aprender hechos, habilidades o conocimientos nuevos. Ayúdela a encontrar nuevas formas de aprender y de mantenerse motivada.

❑ Ayude a esta persona a rastrear su progreso de aprendizaje mediante la identificación de peldaños o niveles alcanzados. Celebre estos logros.

❑ Anime a esta persona a convertirse en el "maestro de comercio" o en un "residente experto" en un área específica. Esto alimentará su necesidad de competencia extrema.

ARMONÍA

Usted busca áreas de acuerdo. En su opinión, hay poco que ganar del conflicto y la fricción, por lo que trata de mantenerlos al mínimo. Cuando sabe que las personas que lo rodean tienen opiniones diferentes, usted trata de encontrar el terreno común. Usted trata de guiarlos lejos de la confrontación y hacia la armonía. De hecho, la armonía es uno de sus valores principales. Le cuesta creer cuánto tiempo se pierde por personas que tratan de imponer sus puntos de vista a los demás. ¿No seríamos todos más productivos si mantuviéramos nuestras opiniones bajo control y en su lugar buscáramos consenso y soporte? Usted cree que lo seríamos y vive de acuerdo a esa creencia. Cuando otros se están quejando de sus objetivos, sus reclamos y sus opiniones mantenidas con fervor, usted mantiene su paz. Cuando otros deciden tomar otra dirección, usted, al servicio de la armonía, modificará de buen grado sus propios objetivos para combinarlos con los del resto (siempre que sus valores básicos no entren en conflicto con los suyos). Cuando otros empiezan a discutir sobre su teoría o concepto favorito, usted se mantiene alejado del debate, prefiriendo hablar de asuntos prácticos, con los pies en la tierra, en los que todos puedan estar de acuerdo. Desde su punto de vista, todos estamos en el mismo barco, y necesitamos del barco para llegar a donde vamos. Es un buen barco. No hay necesidad de sacudirlo solo para demostrar que puede.

La Armonía se expresa así:

Jane C., monja benedictina: "Me gusta la gente. Me relaciono con tanta facilidad con ella porque tengo mucha capacidad de adaptación. Asumo la forma del recipiente en el cual me vierten, por lo que no me irrito con facilidad".

Chuck M., profesor: "No me gustan los conflictos durante la clase, pero he aprendido a dejar que las cosas sigan su curso en lugar de tratar de detenerlas. Cuando comencé a enseñar, si alguien decía algo negativo, decía: 'Oh, ¿por qué dijo eso?' y trataba de erradicarlo de inmediato. Pero ahora simplemente trato de obtener la opinión de alguien más de la clase, para quizás tener una opinión diferente acerca del mismo tema."

Tom P., técnico: "Puedo recordar muy nítidamente cuando tenía diez u once años y algunos chicos en mi escuela comenzaban a discutir. Por alguna razón, me sentía impulsado a meterme en medio de las cosas y encontrar el punto de equilibrio. Yo era el pacifista".

Ideas para la acción

❑ Use su talento Armonía para construir una red de trabajo de personas con distintos puntos de vista. Cuente con esas personas cuando necesite alguna especialidad. Su apertura a los diferentes puntos de vista lo ayudará a aprender.

❑ Cuando dos personas discutan, pida al resto del grupo que compartan sus opiniones. Al aumentar la cantidad de opiniones en la conversación, es más probable que encuentre áreas en las que todos concuerden. Usted puede congregar a las personas.

❑ Evite desempeñar roles en los que deba confrontar a personas en forma cotidiana. Los roles en ventas basados en "llamadas en frío", o los roles en entornos laborales de mucha competitividad, por ejemplo, le producirán frustración y le producirán molestia.

❑ Practique sus técnicas de resolución de conflictos sin llegar a la confrontación. Sin pulir esas técnicas, podría terminar eludiendo sencillamente los conflictos, sin resolverlos. Esto puede llevarlo a un comportamiento pasivo-agresivo.

❏ Asóciese con alguien que tenga un especial talento Comando o Activador. Cuando haya agotado, sin resultado, sus esfuerzos por resolver un conflicto, esta persona podrá ayudar a resolverlos.

❏ Genere motivos para la interacción y foros en donde las personas sientan que sus opiniones son realmente escuchadas. Con esto, ayudará a los demás a comprometerse más en los proyectos y actividades grupales.

❏ Esté consciente de que sus intentos por crear armonía, permitiendo que todos tengan su turno para hablar, pueden en realidad generar discordia en algunas personas. Puede que las personas con excepcional talento Logrador, por ejemplo, estén ansiosas por tomar decisiones y actuar. Aprenda a comunicar, en forma breve pero eficaz, el valor de escuchar.

❏ Comprenda que es posible que haya personas que se aprovechen de sus esfuerzos por generar armonía. Es posible que en ocasiones, cuando a todos se les da la oportunidad de hablar, haya personas que hagan perder el tiempo adoptando posturas conflictivas o produciendo pretenciosos debates que tienen poca relevancia para los asuntos que se están tratando. No vacile en intervenir en esos momentos, y encauce la conversación hacia asuntos más prácticos. La clave de la armonía es mantener un equilibrio entre escuchar y ser eficaz.

❏ En las discusiones, busque el lado práctico de las cosas. Ayude a los demás a ver este lado práctico. Es el punto de partida para el acuerdo.

❑ Tener consideración es algo que le resulta natural. Usted se hace a un lado cuando interviene alguien con más especialidad que usted. Dé el próximo paso invitando a aquellos con más especialidad.

Trabajar con otros que tienen Armonía

❑ Dirija a esta persona tan lejos de los conflictos como sea posible. Trate de no invitarlo a reuniones en las que es casi seguro que haya discusiones, porque no da lo mejor cuando se enfrenta a los demás.

❑ No pierda el tiempo discutiendo asuntos controversiales con esta persona. No disfrutará del debate. En lugar de ello, mantenga los debates enfocados en cuestiones prácticas sobre qué acción clara se puede tomar.

❑ Cuando los demás están atrapados en un desacuerdo, esta persona puede ayudar a liberarlos. Él no resolverá necesariamente el tema de debate, pero le ayudará a encontrar a las personas otras áreas en las que estén de acuerdo. Este terreno común puede ser el punto de partida para trabajar productivamente juntos.

AUTOCONFIANZA

La autoconfianza es similar a la confianza en sí mismo. En lo más profundo de sí, confía en sus fortalezas. Sabe que es capaz; capaz de asumir riesgos, capaz de afrontar nuevos desafíos, capaz de reclamar derechos y, más importante aun, capaz de producir resultados. Pero la Autoconfianza es más que solo confianza en sí mismo. Bendecido con el tema de la Autoconfianza, tiene seguridad no solo en sus capacidades, sino que también en su juicio. Cuando observa el mundo, sabe que su perspectiva es única y distinta. Y porque nadie ve exactamente lo que usted ve, sabe que nadie puede tomar decisiones por usted. Nadie puede decirle qué pensar. Pueden guiar. Pueden sugerir. Pero solo usted tiene la autoridad de sacar conclusiones, tomar decisiones y actuar. Esta autoridad, la responsabilidad final de vivir su vida, no le intimida. Por el contrario, le es natural. Sin importar cuál sea la situación, parece saber cuál es la decisión correcta. Este tema le da un aura de certeza. A diferencia de muchos, no se deja llevar fácilmente por los argumentos de otra persona, por muy convincentes que sean. Esta Autoconfianza puede ser silenciosa o ruidosa, dependiendo de sus otros temas, pero es sólida. Es fuerte. Al igual que la quilla de un barco, soporta muchas presiones diferentes y sigue su curso.

La Autoconfianza se expresa así:

Pam D., ejecutiva de un servicio público: "Me crié en una granja remota en Idaho, y asistí a una pequeña escuela rural. Un día, regresé a casa desde la escuela y le anuncié a mi madre que me estaba cambiando de escuela. Ese día, mi profesor nos había explicado que la escuela tenía demasiados niños y que tres niños deberían cambiarse a otra escuela. Lo pensé durante unos momentos, me agradó la idea de conocer a otras personas, y decidí que sería una de ellas; incluso cuando eso implicara tener que levantarme media hora antes y viajar en bus durante más tiempo. Tenía cinco años".

James K., vendedor: "Nunca me cuestiono. Ya sea que esté comprando un regalo de cumpleaños o una casa, cuando tomo la decisión, parece que no tuviera otra opción. Había solo una decisión que tomar, y la tomé. No me cuesta nada dormirme por la noche. Mi intuición es definitiva, firme y muy persuasiva

Deborah C., enfermera en una sala de emergencias: "Si alguien se muere en la sala de emergencias, es a mí a quien llaman para tratar con la familia, debido a mi seguridad en mí misma. Apenas ayer, tuvimos un problema con una joven sicótica que gritaba que el diablo estaba dentro de ella. Las demás enfermeras estaban asustadas, pero yo sabía lo que había que hacer. Entré y le dije, 'Vamos, Kate, recuéstese. Recemos el Baruch. Es una oración judía. Es así: Baruch Atah Adonai, Eloheinu Melech Haolam'. Ella dijo, 'dígalo lentamente para que yo pueda repetirlo'. Lo hice y ella me lo repitió lentamente. Ella no era judía, pero eso la tranquilizó. Se recostó sobre su almohada y dijo, 'Gracias. Era todo lo que necesitaba'".

Ideas para la acción

❑ Busque situaciones en las que haya que partir de cero, en donde no haya reglas. Dará lo mejor de sí cuando se le pida tomar muchas decisiones.

❑ Busque roles en los que convenga a las personas a considerar su punto de vista. Su talento Autoconfianza (especialmente si se combina con los talentos Mando o Activador) puede ser muy persuasivo. Los roles de liderazgo, ventas, legales o empresariales pueden ser muy adecuados para usted.

☐ Deje que se muestre su confianza en sí mismo. Puede ser contagiosa, y ayudará a crecer a las personas que le rodean.

☐ Tenga en cuenta que algunas veces se le dificultará expresar en palabras su seguridad o intuiciones, lo que posiblemente **Autoconfianza** llevará a los demás a considerarlo una persona pretenciosa. Explique que su autoconocimiento no implica que ellos deban guardarse sus opiniones. Aunque no les parezca así, usted sí desea escuchar sus ideas. Su convicción no quiere decir que no desea escucharlos.

☐ Su tendencia automotivada puede dejarlo aislado. Si esto sucede, cerciórese de estar al frente, o asóciese con alguien que pueda ayudar a los demás a ver las ventajas de seguirlo.

☐ Asóciese con alguien que tenga un fuerte talento Estratégico, Deliberativo o Futurista. Esta persona puede ayudarlo a evaluar los objetivos que se ha impuesto. Usted necesita de esa ayuda, ya que una vez que ha puesto los ojos en una meta, es probable que se concentre en ella hasta lograrlo.

☐ Su trabajo excepcionalmente arduo y las muchas horas que le dedica son los resultados naturales de la pasión y confianza que siente con respecto a su trabajo. No asuma que los demás funcionan de igual manera.

☐ Usted puede ser muy decidido aun cuando las cosas se vuelvan dinámicas y distractivas. Cuando hay caos a su alrededor, propóngase mostrar y compartir la tranquilidad y certidumbre que hay en su interior. Esto les dará alivio y seguridad.

❑ Imponga metas ambiciosas. No vacile en intentar aquello que los demás consideran poco práctico e imposible, aunque lo que usted ve es solo audacia y emoción, y lo que es más importante, se puede lograr con algo de heroísmo y un poco de suerte. Su talento Autoconfianza puede llevarlo a logros que de otra manera jamás usted se habría siquiera imaginado.

❑ Usted no tiene una gran necesidad de la guía y el apoyo de los demás. Esto lo hace particularmente eficaz en situaciones que precisan de ideas y acciones automotivadas. Reconozca y contribuya activamente al valor de su talento Autoconfianza cuando la seguridad y el autocontrol sean cruciales.

Trabajar con otros que tienen Autoconfianza

❑ Si usted está trabajando en un equipo con esta persona, dele un margen de maniobra en la toma de decisiones. No requerirá ni solicitará que le sostenga la mano.

❑ Ayude a esta persona a entender que sus decisiones y acciones producen resultados. Él es más eficiente cuando cree que controla su mundo. Destaque las prácticas que funcionan.

❑ A pesar de que la confianza en sí mismo de esa persona a menudo puede ser útil, si afirma con exageración o comete algunos errores de juicio importantes, asegúrese de señalarlos inmediatamente. Necesita comentarios claros para informar sus instintos.

COLECCIONADOR

Usted es coleccionador. Colecciona cosas. Puede ser que coleccione información: palabras, hechos, libros y citas, u objetos tangibles como mariposas, tarjetas de béisbol, muñecas de porcelana o fotografías en sepia. Lo que sea que coleccione, lo colecciona porque le interesa. Y su mente es del tipo de mentes que encuentran muchas cosas interesantes. El mundo es interesante precisamente por su infinita variedad y complejidad. Si usted lee mucho, no es necesariamente para perfeccionar sus teorías, sino, más bien, para agregar información a sus archivos. Si le gusta viajar, es porque cada lugar nuevo ofrece nuevos objetos y hechos. Estos pueden ser adquiridos y luego almacenados. ¿Por qué vale la pena almacenarlos? Al momento de almacenar es difícil decir exactamente cuándo o por qué los podría necesitar, pero ¿quién sabe cuándo podrían llegar a ser útiles? Con todos los posibles usos en mente, usted realmente no se siente cómodo tirando nada. Entonces continúa adquiriendo, recopilando y completando cosas. Es interesante. Mantiene su mente fresca. Y quizás algún día demuestren ser valiosos.

El Coleccionador se expresa así:

Ellen K., escritora: "Ya desde niña quería saberlo todo. Hacía un juego con mis preguntas. '¿Cuál es mi pregunta de este día?' pensaba en esas preguntas atroces y luego buscaba los libros que las respondieran. A menudo me sumergía hasta el cuello en libros sobre los cuales no tenía ninguna referencia, pero los leía porque en algún lugar de ellos estaba la respuesta que buscaba. Mis preguntas se convirtieron en la herramienta que me llevó de una parte de la información a la otra".

John F., ejecutivo de recursos humanos: "Soy de aquellas personas que piensan que Internet es lo máximo después del pan en rebanadas. Solía sentirme tan frustrado, pero ahora, si quiero saber cómo se está desempeñando la bolsa en un área determinada, o las reglas de algún juego, o cuál es el PBN de España, o cualquier otra cosa, simplemente voy a mi computador, empiezo a buscar, y termino encontrando la información

Kevin F., vendedor: "Me asombran algunas basuras que almacena mi mente, y me encanta jugar *Jeopardy* o Trivial Pursuit y ese tipo de cosas. No me importa tirar cosas en tanto sean cosas materiales, pero detesto desperdiciar conocimientos, o el conocimiento acumulado, o no ser capaz de leer algo completo si lo estoy disfrutando.

Ideas para la acción

❑ Busque trabajos en los que deba obtener nueva información cada día, como ser en el área de enseñanza, investigación o periodismo.

❑ Diseñe un sistema para almacenar información y luego ubicarla con facilidad. Esto puede ser algo tan sencillo como un archivo con todos los artículos que ha recortado o algo tan sofisticado como una base de datos digital.

❑ Asóciese con alguien con talento Enfoque o Disciplina dominante. Esta persona le ayudará a mantener el rumbo cuando su curiosidad lo lleve por caminos fascinantes pero que distraen.

❑ Su mente es abierta y absorbe todo. Usted absorbe información de manera natural, tal como la esponja absorbe agua. Pero así como el propósito principal de la esponja no es la contención permanente de lo que absorbe, tampoco debería su mente sólo retener la información. Las entradas sin salida pueden llevar al estancamiento. Mientras reúne y absorbe información, esté consciente de las personas y los grupos que más pueden beneficiarse de sus conocimientos, y propóngase compartirlos con ellos.

❑ Puede que usted sea naturalmente un excelente depósito de hechos, datos e ideas. Si es el caso, no tema asumir la condición de experto. Con sólo seguir su talento Coleccionador, puede lograr que lo reconozcan como autoridad en su terreno.

❑ Recuerde que debe ser algo más que un simple coleccionista de información. En algún momento necesitará aprovechar estos conocimientos y llevarlos a la acción. Propóngase identificar los hechos y datos que pueden ser más valiosos para los demás, y utilice esta información en beneficio de ellos.

❑ Identifique sus áreas de especialización y tome la iniciativa de buscar más información sobre ellas.

❑ Programe tiempo para leer libros y artículos que lo estimulen.

❑ Propóngase enriquecer su vocabulario. Investigue nuevas palabras y aprenda lo que cada una de ellas significa.

❑ Identifique situaciones en las que pueda compartir con otras personas la información que ha recopilado. Asegúrese además de que sus amigos y compañeros sepan que usted disfruta respondiendo sus preguntas.

Trabajar con otros que tienen Coleccionador

❑ Mantenga a esta persona al tanto de las últimas noticias. Él tiene que estar informado. Pásele libros, artículos y documentos que usted crea que le interesarían leer.

❑ Vea si usted puede encontrar algunos intereses en común y luego comparta los hechos y las historias sobre estos temas. Esta es la forma en la que a menudo comienzan las grandes relaciones.

❑ Cuando esté en reuniones, pida siempre información a esta persona. Busque oportunidades para aprovechar su abundante conocimiento.

COMPETITIVO

La competencia se basa en la comparación. Cuando usted mira el mundo, está instintivamente consciente del desempeño de los demás. El desempeño de ellos es la medida de evaluación. No importa lo mucho que haya intentado, no importa cuán dignas sean sus intenciones, si alcanzó su meta, pero no superó a sus pares, el logro se siente vacío. Al igual que todos los competidores, necesita otras personas. Necesita comparar. Si puede comparar, **Competitivo** puede competir, y si puede competir, puede ganar. Y cuando gana, no hay sentimiento que se le parezca. Le gusta la medición, porque facilita las comparaciones. Le gustan los competidores, porque lo revitalizan. Le gustan las competencias, porque debe haber un ganador. En especial le gustan las competencias donde sabe que tiene grandes posibilidades de ser el ganador. Aunque es amable con sus compañeros competidores e incluso estoico ante la derrota, no compite por el placer de competir. Compite para ganar. Con el tiempo evitará las competencias donde ganar parece poco probable.

La Competencia se expresa así:

Mark L., ejecutivo de ventas: "He practicado deportes toda mi vida y no lo hago solo por divertirme, por decirlo así. Me gusta participar en deportes en los que gane y no en los que pierdo, ya que si pierdo, me muestro amable hacia fuera pero por dentro estoy furioso".

Harry D., gerente general: "No soy un gran marinero, pero me encanta la regata America's Cup. Se supone que ambos botes son idénticos, y ambas tripulaciones cuentan con atletas de primera línea. Pero siempre hay un ganador. Uno de ellos tiene un secreto bajo la manga que inclina la balanza y hace que ganen más a menudo de lo que pierden. Y eso es lo que busco, ese secreto, ese pequeño detalle."

Sumner Redstone, director de Viacom (ahora conocida como la Corporación CBS), en sus esfuerzos por adquirir la empresa: "Aprecié cada uno de los minutos que pasé en eso, ya que Viacom era una empresa por la que valía la pena luchar, y disfruté la competencia. Si usted participa de una batalla competitiva y de la presión que conlleva, lo mejor es que encuentre un sentido real de satisfacción y placer con la victoria final. Luchar por el control de una empresa como Viacom fue toda una batalla. Creo que la principal lección que aprendí de ella fue que no se trata de dinero, sino del deseo de ganar.

Ideas para la acción

❑ Elija entornos laborales en los que pueda medir sus logros. Si no compite, puede que no llegue a darse cuenta de qué tan bueno es.

❑ Haga una lista de las puntuaciones de desempeño que puedan ayudarlo a saber qué lugar ocupa cada día. ¿A qué puntuaciones debe prestarle atención?

❑ Identifique a una persona que siempre obtenga excelentes resultados con la que se pueda comparar a fin de medir sus logros. Si hay más de una, haga una lista de las personas con quienes está compitiendo actualmente. Sin un punto de comparación, ¿cómo puede saber si triunfa o no?

❑ Intente convertir las labores corrientes en juegos de competencia. De esta manera, logrará hacer más.

❑ Cuando triunfe, tómese el tiempo para determinar por qué lo hizo. Puede aprender mucho más de una victoria que de una derrota.

❑ Informe a la gente que ser competitivo no se equipara con menospreciar a las demás personas. Explique que su satisfacción proviene de medir fuerzas con competidores buenos y fuertes, y ganarles.

❑ Desarrolle una "métrica equilibrada", un sistema de medición que controlará todos los aspectos de su desempeño. Aunque esté compitiendo contra sus propias cifras previas, esta medida le ayudará a prestarle la atención apropiada a todos los aspectos de su desempeño.

Competitivo

❑ Al competir con otros, cree oportunidades de desarrollo al optar por compararse con alguien que tenga un nivel de especialidad un poco más alto que el suyo actual. Su talento Competitivo lo impulsará a perfeccionar sus habilidades y conocimientos para superar los de aquella persona. Busque un modelo a seguir que esté uno o dos niveles más arriba que usted para que lo impulse a mejorar.

❑ Tómese el tiempo para celebrar sus victorias. En su mundo, las victorias no tienen cabida si no es para celebrarlas.

❑ Idee estrategias mentales que puedan ayudarlo a reaccionar ante una derrota. Armado con estas estrategias, podrá pasar al siguiente reto más rápidamente.

Trabajar con otros que tienen Competencia

❑ Use lenguaje competitivo con esta persona. Se trata de un mundo "ganar o perder" para él, por lo que desde su punto de vista, lograr una meta es ganar y no alcanzarla es perder.

❑ Ayude a esta persona a encontrar lugares en donde pueda ganar. Si pierde varias veces, es posible que deje de jugar. Recuerde, en los concursos que son importantes para él, no compite por el placer de competir. Compite para ganar.

❑ Cuando esta persona pierde, puede ser que necesite lamentarse por un rato. Déjelo. Luego ayúdelo a moverse rápidamente a otra oportunidad de ganar.

COMUNICACIÓN

A usted le gusta explicar, describir, ser anfitrión, hablar en público y escribir. Este es su tema de Comunicación en el trabajo. Las ideas son un comienzo en seco. Los eventos son estáticos. Siente la necesidad de darles vida, energizarlos, para que sean emocionantes y vívidos. Y así convierte acontecimientos en historias y practica relatarlos. Usted toma la idea en seco y le da vida con imágenes, ejemplos y metáforas. Cree que la mayoría de las personas tiene una capacidad de atención muy breve. Son bombardeados por información, pero muy poco de ella sobrevive. Usted quiere que su información sobreviva, ya sea una idea, un acontecimiento, las características y los beneficios de un producto, un descubrimiento o una lección . Quiere desviar la atención de las personas hacia usted y luego capturarla, bloquearla. Esto es lo que impulsa a la búsqueda de la frase perfecta. Esto es lo que le hace usar palabras dramáticas y poderosas combinaciones de palabras. Este es el motivo por el que a la gente le gusta escucharlo. Sus formas de retratar las palabras despiertan el interés de las personas, agudizan su mundo y los inspira a actuar.

La Comunicación se expresa así:

Sheila K., gerente general de un parque temático: "Los relatos son la mejor manera de argumentar algo. Ayer deseaba demostrarle a mi comité ejecutivo el impacto que podíamos provocar en nuestros clientes, de modo que les conté esta historia: uno de nuestros empleados trajo a su padre a la ceremonia de izamiento de la bandera que realizamos el Día de los Veteranos, aquí en el parque temático. El quedó discapacitado durante la Segunda Guerra Mundial, y ahora tiene una extraña forma de cáncer y ha pasado por varias cirugías. Está muriendo. Al comienzo de la ceremonia, uno de nuestros empleados le dijo al grupo: 'Este hombre es un veterano de la Segunda Guerra Mundial. ¿Podemos darle una mano? Todos vitorearon y su hija comenzó a llorar. Su papá se quitó el sombrero. Nunca se sacaba el sombrero debido a las cicatrices de la guerra y de la cirugía por el cáncer, pero cuando comenzó el himno patrio, se quitó el sombrero e inclinó su cabeza. Su hija me dijo después que este fue el mejor día vivido por su padre en años".

Tom P., ejecutivo bancario: "Mi último cliente pensaba que el flujo de capital hacia las acciones en Internet eran solo una fase transitoria. Intenté darle argumentos racionales para hacerlo cambiar de idea, pero ni quería ni podía convencerse. Por último, tal como hago a menudo, cuando enfrento un cliente en negación, recurrí a mi imaginación. Le dije que era como una persona que estaba en la playa sentada de espaldas al mar. Internet era como una marea que subía rápidamente. No importaba lo cómodo que se sintiera en este momento, la marea estaba subiendo con cada ola que llegaba, y muy pronto una de esas olas lo alcanzaría y se lo tragaría. Entendió a que me refería".

Margret D., directora de marketing: "Una vez leí un libro acerca de dar discursos que sugería dos cosas: hablar sólo de cosas que realmente lo apasionan a uno y usar siempre ejemplos personales. Comencé de inmediato a hacerlo, y encontré muchas historias, ya que tengo hijos, nietos y un marido. Creo mis historias en torno a mis experiencias personales debido a que todos pueden relacionarse con ellas".

Ideas para la acción

❑ Usted se suele desempeñar bien en roles en los que se requiere captar la atención de otras personas. Piense en una carrera en la enseñanza, las ventas, el mercadeo, el sacerdocio o los medios. Su talento Comunicación probablemente prosperará en estas áreas.

❏ Empiece a recopilar historias o frases que tengan resonancia en su opinión. Por ejemplo, recorte artículos de revistas que le parezcan importantes o escriba combinaciones de palabras que tengan fuerza. Practique el relato de estas historias y estas palabras en voz alta para sí mismo. Escúchese diciendo las palabras. Perfecciónese.

❏ Cuando esté dando una presentación, preste mucha atención al público. Esté atento a sus reacciones en cada parte de la presentación. Se dará cuenta de que algunas partes resultan más interesantes que otras. Después de la presentación, tómese el tiempo para identificar las partes que hayan captado más la atención del público. Prepare su siguiente presentación teniendo en cuenta estos puntos.

Comunicación

❏ Practique. La improvisación tiene cierto atractivo, pero en general, el público responderá mejor a un presentador que sabe a qué apunta. Por más extraño que parezca, cuanto más preparado esté, más natural parecerá su improvisación.

❏ Identifique sus personas de confianza y los públicos más provechosos, los oyentes que parecen acentuar sus mejores dotes de comunicación. Estudie a estas personas o grupos para saber por qué usted es tan bueno cuando habla con o para ellos, y busque las mismas cualidades en socios potenciales y públicos.

❏ Siga mejorando su habilidad con las palabras que usa. Son una moneda crucial. Gástelas con prudencia y controle su impacto.

❏ Su talento Comunicación puede ser altamente eficaz cuando su mensaje tiene sustancia. No confíe sólo en sus talentos;

lleve su comunicación al nivel de fortaleza al desarrollar sus conocimientos y especialidad en áreas específicas.

❑ Usted tiene el don de promover el diálogo entre pares y colegas. Use su talento Comunicación para resumir los diversos puntos de una reunión y crear consenso al ayudar a los demás a ver lo que tienen en común.

❑ Si disfruta la escritura, considere la publicación de su obra. Si disfruta hablar en público, haga una presentación en una reunión o convención profesional. En ambos casos su talento Comunicación le servirá para encontrar el camino correcto para enmarcar sus ideas y expresar su propósito. Le encanta compartir sus pensamientos con los demás, por lo que debe encontrar el medio que mejor se adecúe a su voz y mensaje.

❑ Ofrézcase como voluntario para dar presentaciones. Usted puede llegar a ser reconocido como alguien que ayuda a que la gente exprese sus ideas y ambiciones de manera cautivadora.

Trabajar con otros que tienen Comunicación

❑ A esta persona le resulta fácil mantener una conversación. Pídale que venga a las reuniones sociales, cenas o cualquier evento en el que desee entretener a clientes potenciales o clientes.

❑ Tómese el tiempo para escuchar acerca de la vida y de las experiencias de esta persona. Ella disfrutará hablando y usted disfrutará escuchando. Y, en consecuencia, su relación será más cercana.

❑ Discuta con ella los planes para los eventos sociales de su organización. Es probable que tenga buenas ideas tanto para el entretenimiento como para lo que se debería comunicar en el evento.

CONEXIÓN

Las cosas pasan por una razón, usted está seguro de ello. Usted está seguro de ello porque en su alma sabe que todos estamos conectados. Si, somos personas individuales, responsables de nuestros propios juicios y en posesión de nuestro propio libre albedrío, pero sin embargo somos parte de algo más grande. Algunos pueden llamarlo el inconsciente colectivo, y otros pueden denominarlo el espíritu o fuerza de la vida. Pero cualquiera sea la definición que elija, usted se siente más seguro al saber que no estamos aislados los unos de los otros, ni de la tierra y la vida en ella.

Conexión

Este sentimiento de Conexión implica ciertas responsabilidades. Si todos somos parte de algo más grande, no debemos dañar a otros porque nos estaríamos dañando a nosotros mismos. No debemos explotar porque nos estaríamos explotando a nosotros mismos. Su consciencia de estas responsabilidades crea su sistema de valores. Usted es considerado, preocupado y comprensivo. Convencido de la unidad de la humanidad, usted es un creador de puentes para personas de diferentes culturas. Sensible a la mano invisible, puede dar a otros el consuelo de que existe un propósito más allá de nuestras vidas rutinarias. Los artículos exactos de su fe dependerán de su crianza y su cultura, pero su fe es fuerte. Lo sostiene a usted y a sus amigos cercanos frente a los misterios de la vida.

La Conexión se expresa así:

Mandy M., ama de casa: "La humildad es la esencia de la conexión. Uno tiene que saber quién es y quién no es. Tengo parte de la sabiduría. No mucha, pero la que tengo es de verdad. Esto no es grandiosidad. Esto es humildad verdadera. Se tiene autoconocimiento en los dones personales, autoconocimiento real, pero se sabe que no se tienen todas las respuestas. Uno empieza a sentirse conectado con los demás debido a que uno sabe que los demás tienen la sabiduría que uno no tiene. Uno no puede sentir esa conexión si piensa que lo tiene todo".

Rose T., psicóloga: "A veces miro mi plato de cereal en la mañana, y pienso en los cientos de personas que participaron en traerlo hasta mi mesa: los granjeros que produjeron los pesticidas, los trabajadores del depósito en las plantas de producción, incluso en los comercializadores que me persuadieron de alguna manera a comprar esta caja de cereales y no la que estaba en el estante junto a ella. Sé que suena extraño, pero agradezco a esas personas, y el solo hacerlo me hace sentir más involucrada con la vida, más conectada con las cosas, menos sola.

Chuck M., profesor: "Tiendo a ver las cosas en blanco y negro, pero cuando se trata de comprender los misterios de la vida, por alguna razón, soy mucho más abierto. Tengo gran interés en aprender acerca de las diferentes religiones. En este momento estoy leyendo un libro que habla del judaísmo en comparación con el cristianismo en comparación con la religión del pueblo cananeo. El budismo, la mitología griega, es interesante cómo todo eso en cierta forma está ligado.

Ideas para la acción

❑ Considere desempeñar roles en los que tenga que escuchar y dar consejos. Puede convertirse en especialista en ayudar a los demás a ver la conexión y el propósito de los eventos diarios.

❑ Explore formas específicas de expandir su sensación de conexión, como unirse a un club de lectura, asistir a un retiro o afiliarse a una organización en la que se ponga en práctica el talento Conexión.

- En su organización, ayude a sus colegas a entender cómo se ajustan sus esfuerzos con el panorama más amplio. Usted puede ser un líder en lo que respecta a la creación de equipos y a ayudar a que las personas se sientan importantes.

- Usted está consciente de los límites y las fronteras que se crean en las organizaciones y comunidades, pero las trata como si fueran continuos y fluidos. Use su talento Conexión para romper los silos que impiden compartir los conocimientos.

Conexión

- Ayude a las personas a ver las conexiones que hay entre sus talentos, sus acciones, su misión y sus éxitos. Cuando las personas creen en lo que hacen y sienten que forman parte de algo mayor, aumenta su compromiso con los logros.

- Asóciese con alguien en quien resalte el talento Comunicación. Esta persona puede brindarle las palabras que usted necesita para dar ejemplos vívidos de conexión en el mundo real.

- No dedique mucho tiempo a intentar convencer a los demás de que vean el mundo como una red conectada. Tenga en cuenta que su sensación de conexión es intuitiva. Si los demás no comparten su intuición, los argumentos racionales no lograrán persuadirlos.

- Su filosofía de vida lo impulsa a ir más allá de sus propios intereses y de los intereses de su circunscripción inmediata y esfera de influencia. Como tal, ve repercusiones más amplias para su comunidad y el mundo. Estudie maneras de comunicar estas ideas a los demás.

- ❑ Busque responsabilidades globales o transculturales que saquen provecho de su comprensión de los intereses comunes inherentes a la humanidad. Genere capacidad universal y cambie la mentalidad de aquellos que piensan en términos de "nosotros" y "ellos".

- ❑ El talento Conexión puede ayudarle a ver más allá del caparazón exterior de una persona para llegar a abrazar su humanidad. Tenga especial consciencia de este aspecto cuando trabaje con alguien cuyos orígenes sean muy diferentes a los suyos. Debido a su naturaleza, puede ver más allá de las etiquetas y enfocarse en las necesidades esenciales de la persona.

Trabajar con otros que tienen Conexión

- ❑ Es probable que esta persona tenga conflictos sociales que defenderá enérgicamente. Escuche con atención para saber qué inspira esta pasión en ella. Su aceptación de estos problemas influenciará la profundidad de la relación que puede construir con ella.

- ❑ Anime a esta persona a construir puentes para los diferentes grupos de la organización. Ella naturalmente piensa en cómo están conectadas las cosas, por lo que debería sobresalir en mostrar a las distintas personas como cada una depende de las otras.

- ❑ Si usted también tiene el talento de Conexión dominante, comparta artículos, escritos y experiencias con esta persona. Pueden reforzar su enfoque mutuamente.

CONSISTENTE

El equilibrio es importante para usted. Está muy consciente de la necesidad de tratar a todas las personas por igual, sin importar su posición en la vida, de modo que la balanza no se incline demasiado en favor de ninguna persona. De acuerdo con su forma de ver las cosas, esto lleva al egoísmo e individualismo. Esto lleva a un mundo donde algunas personas obtienen ventajas injustas debido a sus conexiones o su procedencia, o mediante sobornos. Esto es verdaderamente ofensivo para usted. Se ve a sí mismo como un guardián en contra de esto. En contraste directo con este mundo de favores especiales, cree que las personas funcionan mejor en un ambiente equitativo en el que las reglas son claras y se aplican a todos por igual. Este es un ambiente en que las personas saben lo que se espera de ellas. Es predecible e imparcial. Es justo. Aquí, cada persona tiene una oportunidad igual para demostrar lo que vale.

Consistente

El Consistente se expresa así:

Simon H., gerente general hotelero: "A menudo les recuerdo a mis gerentes que no deben abusar de sus privilegios de estacionamiento o valerse de su posición para reservar tiempo en la cancha de golf cuando hay huéspedes en espera. Ellos detestan que les llame la atención sobre esto, pero soy exactamente el tipo de persona a quien le desagrada la gente que abusa de sus privilegios. También paso bastante tiempo con nuestros empleados contratados por horas. Les tengo un enorme respeto".

Jamie K., editor de una revista: "Soy del tipo de personas que siempre está a favor de los oprimidos. Detesto cuando las personas no reciben una oportunidad justa debido a alguna circunstancia en su vida que no pudieron controlar. Para hacer algo concreto al respecto, voy a establecer una beca en mi alma mater, para que los estudiantes de periodismo con recursos limitados puedan hacer prácticas en el mundo real sin tener que seguir pagando su matricula en la universidad. Yo tuve suerte. Cuando hice mis prácticas en la NBC en Nueva York, mi familia pudo pagarlo. Algunas familias no pueden, pero esos estudiantes deberían de igual manera conseguir una oportunidad justa".

Ben F., gerente de operaciones: "Dar siempre crédito cuando haya que darlo. Ese es mi lema. Si me encuentro en una reunión y expongo la misma idea que expuso alguien de mi personal, me cercioro de atribuirle públicamente la idea a esa persona. ¿Por qué? Porque mis jefes siempre hicieron lo mismo conmigo, y ahora me parece que es la única cosa justa y correcta que se puede hacer.

Ideas para la acción

❑ Haga una lista de las normas de consistencia que le sirven de guía en la vida. Estas normas pueden basarse en ciertos valores que tiene o en ciertas políticas que considera "no negociables". Por más extraño que parezca, entre más claras tenga estas normas, más cómodo estará con la individualidad dentro de estos límites.

❑ Busque roles en los que pueda ser una fuerza para nivelar el campo de juego. En el trabajo o en su comunidad, usted puede ser un líder que ayude a proporcionarles a aquellas personas desfavorecidas la plataforma que necesitan para mostrar su verdadero potencial.

❑ Cultive la reputación de ser quien señala a las personas que en realidad se merecen el crédito. Asegúrese de que siempre se les brinde respeto a las personas que verdaderamente rinden en el trabajo. Usted puede llegar a ser reconocido como la conciencia de su organización.

- ☐ Encuentre un rol en el que deba encargarse del cumplimiento de una serie de normas. De ser necesario, rete a las personas que infrinjan las reglas o usen sus influencias para sacar ventaja de manera injusta.

- ☐ Manténgase enfocado en el desempeño. De vez en cuando, el talento Consistente puede llevarlo a poner demasiado énfasis en la *manera* en que las personas realizan el trabajo y a ignorar lo *que* hacen en verdad.

Consistente

- ☐ Debido a que valora la equidad, le resulta difícil tratar con personas que adaptan las normas para que se adapten a su situación. Su talento Consistente puede ayudarle a aclarar normas, políticas y procedimientos de manera tal que garantice su aplicación uniforme para todos. Considere delinear protocolos para asegurarse de que estas reglas queden claramente establecidas.

- ☐ Asóciese con alguien en quien resalte el talento Maximizador o Individualización. Esta persona puede señalarle cuándo es apropiado adecuarse a las diferencias individuales.

- ☐ Siempre practique lo que predica. Esto marca la pauta para la igualdad y fomenta el cumplimiento pacífico.

- ☐ Otros agradecerán su compromiso natural por la consistencia entre lo que prometió y lo que cumplirá. Siempre defienda lo que cree, incluso frente a una fuerte resistencia. Cosechará beneficios duraderos.

❑   Aproveche su talento Consistente cuando tenga que comunicar noticias "no tan agradables". Puede ser hábil por naturaleza en ayudar a los demás a apreciar las razones que hay detrás de cada decisión, lo que facilitará las cosas para ellos y para usted.

Trabajar con otros que tienen Consistente

❑   Apoye a esta persona en tiempos de gran cambio, porque ella se siente más cómoda con patrones predecibles que sabe que funcionan.

❑   Esta persona tiene una inclinación práctica y, por lo tanto, tenderá a preferir que se hagan las tareas y que se tomen las decisiones en lugar de hacer el trabajo más abstracto, como la lluvia de ideas o planes a largo plazo.

❑   Cuando llega el momento de reconocer a otros después de la finalización de un proyecto, pídale a esta persona que identifique las contribuciones de cada uno. Se asegurará de que cada persona reciba los elogios que merece.

CONTEXTO

Usted mira hacia el pasado. Usted mira hacia el pasado porque ahí es donde se encuentran las respuestas; mira al pasado para entender el presente. Desde su posición estratégica, el presente es inestable, un confuso clamor de voces que compiten. Es solo al llevar su mente a un tiempo pasado, un tiempo cuando los planes se estaban creando, que el presente recupera su estabilidad. El tiempo pasado era un tiempo más simple, un tiempo de proyectos. Cuando mira al pasado, comienza a ver cómo los proyectos emergen y se da cuenta de cuáles eran las intenciones iniciales. Estos proyectos o intenciones se han adornado tanto desde entonces que son casi irreconocibles, pero ahora este tema Contexto los vuelve a revelar. Esta comprensión le da confianza. Al ya no estar desorientado, puede tomar mejores decisiones porque siente la estructura subyacente. Se convierte en un mejor compañero porque comprende cómo sus colegas llegaron a ser quienes son. Y, por más extraño que parezca, adquiere más sabiduría sobre el futuro porque vio cómo se sembraron sus semillas en el pasado. Al enfrentarse a nuevas personas y nuevas situaciones, le tomará un tiempo orientarse, pero debe darse ese tiempo a sí mismo. Debe aprender a hacer preguntas y a permitir que los proyectos emerjan porque, independientemente de cuál sea la situación, si no ha visto los proyectos, tendrá menos confianza en sus decisiones.

El Contexto se expresa así:

Adam Y., diseñador de software: "Le digo a mi gente: 'evitemos el *vuja de*' y dicen, '¿No está mal dicha la palabra? ¿No debería ser *déjà vu*?' Y digo: 'no, *vuja de* quiere decir que estamos condenados a repetir los errores de nuestro pasado. Debemos evitarlo. Debemos mirar hacia el pasado, ver qué nos llevó a cometer errores y no volver a cometerlos'. Suena evidente, pero la mayoría de las personas no miran hacia el pasado o no creen que tenga validez o algo por el estilo. Así que para ellos, siempre es *vuja de*, una y otra vez".

Jesse K., analista de medios: "Tengo muy poca empatía, por lo que no me relaciono con la gente a través de su estado emocional del momento. En cambio, lo hago a través de su pasado. De hecho, ni siquiera puedo comenzar a comprender a las personas hasta que sé dónde crecieron, cómo eran sus padres, y lo que estudiaron en la universidad".

Gregg H., gerente contable: "Hace poco tiempo instalé en toda la oficina un nuevo sistema de contabilidad, y la única razón para que haya funcionado es que honré su pasado. Cuando las personas crean un sistema contable, su sangre, sudor y lágrimas quedan en él; son *ellos*. Se identifican en lo personal con él. De modo que llegué y les dije, como a la pasada, que lo cambiaría. Eso era como decirles que me llevaría a su bebé. Ese es el nivel de emociones con el que trato. Tuve que respetar esta conexión, esta historia, o me habrían rechazado de plano".

Ideas para la acción

❑ Antes de que empiece la planificación de un proyecto, anime a las personas a que analicen proyectos anteriores. Ayúdelos a valorar la frase: "aquellos que no recuerdan el pasado están condenados a repetirlo".

❑ Si desempeña un rol relativo a la enseñanza, prepare sus clases basándose en estudios de casos. Disfrutará la investigación del caso correspondiente, y sus alumnos aprenderán de estos precedentes. Use su comprensión del pasado para ayudar a los demás a visualizar el futuro.

❑ En el trabajo, ayude a su organización a fortalecer su cultura por medio del "folclore". Por ejemplo, recopile símbolos e historias que representen lo mejor del pasado o sugiera ponerle a un premio el nombre de una persona que personifique las tradiciones históricas de la organización.

❑ Asóciese con alguien en quien resalte el talento Futurista o Estratégico. La fascinación de esta persona con "lo que podría pasar" hará que usted deje de estar atascado en el pasado, a la vez que su profundo entendimiento del contexto general hará que esa persona deje de ignorar las lecciones del pasado. Es más probable que juntos logren crear algo que perdure.

Contexto

❑ Acepte el cambio. Recuerde que el talento Contexto no requiere que "viva en el pasado". Por el contrario, en realidad usted puede llegar a ser reconocido como un catalizador de cambios positivos. Su sentido natural del contexto debe permitirle identificar más claramente que a la mayoría los aspectos del pasado que pueden desecharse y aquellos que deben conservarse para construir un futuro sostenible.

❑ Use comparaciones basadas en los hechos con los éxitos anteriores para describir a los demás de manera vívida "lo que podría pasar" en el futuro. Las ilustraciones de la vida real que crea pueden generar autoconocimiento y compromiso emocional.

❑ Reconoce que el mejor indicador del comportamiento futuro es el comportamiento pasado. Tantee a sus amigos y compañeros de trabajo en cuanto a las acciones que podrían haber contribuido a sus éxitos actuales para que pueda ayudarlos a hacer mejores elecciones en el futuro. Esto les permitirá poner sus decisiones en un contexto general.

❑ Lea novelas históricas, libros que no sean de ficción o biografías. Descubrirá muchos planteamientos que lo ayudarán a entender el presente. Pensará con mayor claridad.

❑ Compare antecedentes y situaciones históricas con su reto actual. La identificación de intereses en común puede llevarle a una nueva perspectiva o a una respuesta a sus problemas.

❑ Busque mentores que tengan una percepción de la historia. Escuchar sus recuerdos probablemente activará su proceso mental.

Trabajar con otros que tienen Contexto

❑ Durante las reuniones, siempre recurra a esta persona para revisar lo que se ha hecho y lo que se ha aprendido. Instintivamente, querrá que los demás sean conscientes del contexto de la toma de decisiones.

❑ Esta persona piensa en términos de estudios de caso: "¿Cuándo nos enfrentamos a una situación similar?" ¿Qué hicimos? ¿Qué ocurrió? ¿Qué aprendimos?" Puede esperar que utilice su talento para ayudar a otros a aprender, especialmente cuando la necesidad de anécdotas e ilustraciones es importante.

❑ Al introducir a esta persona a nuevos compañeros, pídales que hablen acerca de sus antecedentes antes de hablar de negocios.

COORDINADOR

Usted es un conductor. Cuando se enfrenta a una situación compleja que involucra muchos factores, usted disfruta de controlar todas las variables, alineándolas y realineándolas hasta estar seguro de que las organizó en el orden más productivo posible. En su mente, no hay nada especial con respecto a lo que está haciendo. Simplemente está intentando encontrar la mejor forma de hacer las cosas. Pero otras personas, que carecen de este tema, se sentirán asombradas por su capacidad. "¿Cómo puede recordar tantas cosas a la vez?" le preguntarán. "¿Cómo puede permanecer tan flexible, tan dispuesto a dejar de lado los planes bien trazados a favor de alguna nueva configuración que se le acaba de ocurrir?". Pero no se puede imaginar comportarse de otra manera. Usted es un magnífico ejemplo de flexibilidad efectiva, ya sea porque en el último minuto cambia los programas de viaje porque encontró una tarifa mejor o porque están reflexionando sobre la combinación adecuada de personas y recursos para llevar a cabo un proyecto nuevo. De lo mundano a lo complejo, siempre está buscando la configuración perfecta. Por supuesto, es en las situaciones dinámicas donde mejor se desempeña. Frente a lo inesperado, algunos se quejan de que los planes elaborados con tanto cuidado no se pueden cambiar, mientras que otros se refugian en las reglas o procedimientos existentes. Usted no hace nada de eso. En su lugar, usted se sumerge directamente en la confusión, idea nuevas opciones, busca nuevos caminos de menor resistencia y descubre nuevas relaciones, porque, después de todo, podría haber una mejor manera.

Coordinador

El Coordinador se expresa así:

Sarah P., ejecutiva financiera: "Me encantan los desafíos realmente complejos en los que tengo que reaccionar rápido y descubrir cómo encajan las piezas". Algunas personas observan una situación, encuentran treinta variables y se enredan tratando de equilibrarlas todas. Cuando observo la misma situación, veo unas tres opciones. Y debido a que solo veo tres, me es más fácil tomar una decisión y luego poner todo en su lugar".

Grant D., gerente de operaciones: "El otro día recibí un mensaje de nuestra planta de producción que decía que la demanda de uno de nuestros productos había superado todas las proyecciones. Pensé en ello durante un momento y luego se me ocurrió una idea: hacer despachos semanales y no mensuales del producto. Así que dije, 'Contactemos a nuestras filiales en Europa, preguntemos cuál es su demanda, digámosle la situación en la que nos hallamos y luego preguntémosles cuál es su demanda semanal'. De esa manera podremos cumplir lo requerimientos sin tener que aumentar nuestro inventario. Claro que esto elevará nuestros costos de despacho, pero es mejor que tener demasiado inventario en el mismo lugar y no el suficiente en otro".

Jane B., emprendedora: "A veces, cuando por ejemplo vamos a ir al cine o a ver un partido de fútbol, este tema del Coordinador me saca de quicio. Mi familia y amigos se apoyan en mí: "Jane conseguirá los boletos, Jane organizará el transporte". ¿Por qué siempre tengo que hacerlo yo? Pero ellos simplemente responden 'Porque lo hacen bien. A nosotros nos tomaría media hora. A ti parece resultarte mucho más rápido. Simplemente llamas al lugar donde venden los boletos, pides los boletos correctos, y listo, ya está".

Ideas para la acción

❏ Conozca las metas de sus compañeros de trabajo y amigos. Hágales saber que usted está consciente de sus metas y luego, ayúdelos a disponerse para el éxito.

❏ Si es necesario crear un equipo, asegúrese de que lo involucren. Reconoce los talentos, las habilidades y los conocimientos en las personas, y ese conocimiento le permitirá asignar a las personas correctas a los sitios correctos.

❏ Percibe intuitivamente la forma en que personas muy diferentes pueden trabajar juntas. Fíjese bien en los grupos donde hay personalidades y opiniones divergentes, ya que pueden ser quienes más necesiten su talento Coordinador.   **Coordinador**

❏ Asegúrese de mantener un seguimiento de los plazos en curso para sus diversas tareas, proyectos y obligaciones. Aunque disfruta la posibilidad de compaginar muchas actividades, otros con talentos Coordinador menos sólidos pueden ponerse ansiosos si no lo ven trabajando frecuentemente en sus proyectos. Infórmeles sobre su avance para calmar sus temores.

❏ Busque entornos complejos y dinámicos, en los que existan pocas rutinas.

❏ Encárguese de la organización de un gran evento, tal como una convención, una gran fiesta o una celebración de la empresa.

❏ Cuando le presente a la gente su forma de hacer algo, otórgueles tiempo para que entiendan. Su malabarismo mental es instintivo, pero a los demás puede resultarles difícil dejar de lado los procedimientos existentes. Tómese el tiempo para explicar claramente por qué su forma de hacer algo puede ser más eficaz.

- En el trabajo, enfoque su talento Coordinador en las áreas más dinámicas de su organización. Las divisiones o departamentos que son estáticos y de naturaleza rutinaria, probablemente le aburrirán. Se sentirá mejor si su talento Coordinador se vigoriza y sufrirá si se aburre.

- Ayude a que los demás vean su especialidad de largo alcance al compartir su forma de pensar "qué tal si...". Cuando sepan que ha identificado y considerado cuidadosamente todas las opciones y arreglos posibles, se sentirán más seguros.

- Usted es flexible en la forma de organizar a las personas, así como en su forma de configurar el espacio. Averigüe cómo puede mejorar el flujo de trabajo al reorganizar los espacios y/o los procedimientos para maximizar la eficiencia y para dejar tiempo libre para usted y los demás.

Trabajar con otros que tienen Coordinador

- Esta persona se entusiasma con tareas multifacéticas y complejas. Prosperará en situaciones en las que suceden muchas cosas al mismo tiempo.

- Cuando usted esté lanzando un proyecto, pídale ayuda a esta persona en el posicionamiento de los miembros del equipo del proyecto. Él es bueno en encontrar la forma en que las fortalezas de cada persona puedan agregar mayor valor al equipo.

- Esta persona puede ser ingeniosa. Tenga confianza de que si algo no funciona, disfrutará de averiguar otras maneras de hacer las cosas.

CREENCIA

Si en usted resalta el tema Creencia, tiene ciertos valores fundamentales que son duraderos. Estos valores varían de una persona a otra, pero normalmente el tema Creencia hace que usted esté orientado a la familia, que sea altruista, incluso espiritual, y que valore la responsabilidad y un alto nivel ético (en usted mismo y en los demás). Estos valores fundamentales afectan muchos aspectos de su conducta. Le dan sentido y satisfacción a su vida; en su opinión, el éxito es más que el dinero y el prestigio. Le proporcionan dirección, guiándole a través de las tentaciones y distracciones de la vida hacia un conjunto coherente de prioridades. Esta consistencia es la base de todas sus relaciones. Sus amigos lo consideran confiable. "Sabemos dónde estás parado", dicen. Su Creencia facilita confiar en usted. También exige encontrar un trabajo que encaje con sus valores. Su trabajo debe ser significativo; debe importarle. Y guiado por su tema Creencia, solo tendrá importancia si le da la oportunidad de vivir sus valores.

La Creencia se expresa así:

Michael K., vendedor: "La mayor parte de mi tiempo libre lo dedico a mi familia y a nuestras actividades en la comunidad. Estuve en el consejo de directores de los Boy Scouts del condado. Y cuando era Boy Scout, fui líder de manada. Como explorador, fui el líder asistente juvenil de los Boy Scouts. Simplemente me gusta estar con niños. Pienso que el futuro está en ellos. Y pienso que lo mejor que se puede hacer es invertir en el futuro".

Lara M., presidenta de una universidad: "Mis valores son la razón de que trabaje con tanto ahínco cada día en mi empleo. Dedico horas y horas a mi empleo, y ni siquiera me importa cuánto me pagan. Acabo de descubrir que soy la presidenta de una universidad peor pagada en mi estado, y no me importa. Quiero decir que no hago esto por el dinero".

Tracy D., ejecutiva de aerolínea: "Si lo que se está haciendo no es importante, ¿por qué tomarse la molestia?" Levantarme cada día y trabajar en hacer que volar sea más seguro me parece que tiene mucho sentido. Si no le encontrase sentido a mi empleo, no sé si podría trabajar superando todos los desafíos y frustraciones que encuentro. Pienso que me desmoralizaría".

Ideas para la acción

❏ Ponga en claro sus valores, pensando en uno de los mejores días de su vida. ¿Qué papel jugaron sus valores en la satisfacción que recibió ese día? ¿Cómo puede organizar su vida para que ese día se repita tan frecuentemente como sea posible?

❏ Póngase como objetivo buscar roles que tengan congruencia con sus valores. En particular, considere unirse a organizaciones que se caractericen por el aporte que hacen a la sociedad.

❏ El significado y el propósito de su trabajo a menudo servirán de orientación para los demás. Recuerde a las personas lo que hace que su trabajo sea importante y la forma en que marca la diferencia tanto en sus vidas como en las de los demás.

❏ Su talento Creencia le permite hablar al corazón de las personas. Desarrolle una "declaración de propósitos" y comuníquesela a su familia, amigos y compañeros del trabajo. Su poderoso llamamiento emocional puede darles una sensación motivadora de contribución.

- Cree una galería de cartas y/o fotografías de las personas en cuyas vidas ha tenido una influencia significativa. Cuando se sienta abatido o abrumado, recuerde lo que usted vale al mirar esta galería. Esto lo vigorizará y revivirá su compromiso por ayudar a los demás.

- Reserve tiempo para asegurarse que esté equilibrando sus exigencias laborales con su vida personal. Su devoción por su carrera no debe ser a costa de su fuerte compromiso con su familia.

- No tenga miedo de expresar sus valores. Esto ayudará a los demás a entender quién es y cómo relacionarse con usted.

- Póngase como objetivo cultivar amistades que compartan sus valores básicos. Piense en su mejor amigo o amiga. ¿Comparte esta persona su sistema de valores?

Creencia

- Asóciese con alguien en quien resalte el talento Futurista. Esta persona puede infundirle vigor, describiéndole de manera vívida adonde conducen sus valores.

- Acepte que los valores de otras personas pueden ser distintos de los suyos. Exprese sus creencias sin ser crítico.

Trabajar con otros que tienen Creencia

- Es probable que esta persona sea un apasionado de las cosas más cercanas a su corazón. Descubra esa pasión y ayúdela a conectarla con el trabajo que tiene que hacer.

- Aprenda acerca de la familia y de la comunidad de esta persona. Ella habrá hecho compromisos sólidos como una roca con ellos. Comprenda, aprecie y honre estos compromisos, y ella lo respetará por eso.

❑ No es necesario compartir el sistema de creencias de esta persona, pero sí es necesario comprenderlo, respetarlo y aplicarlo. De lo contrario, surgirán finalmente conflictos mayores.

Usted es cuidadoso. Usted es vigilante. Usted es una persona reservada. Usted sabe que el mundo es un lugar imprevisible. Todo parece estar en orden, pero bajo la superficie siente la presencia de varios riesgos. En vez de negar estos riesgos, los hace explícitos para que sea posible identificarlos, evaluarlos y, por último, reducirlos. De este modo, usted es una persona bastante seria que se enfrenta a la vida con cierta reserva. Por ejemplo, le gusta planificar con tiempo para anticiparse a lo que pueda resultar mal. Usted selecciona cuidadosamente a sus amigos y se reserva su opinión cuando la conversación trata de asuntos personales. Tiene cuidado de no mostrarse como ejemplo o digno de reconocimiento, ya que esto puede malinterpretarse. Si usted no le gusta a algunas personas porque no es efusivo como los demás, que así sea. Para usted, la vida no es un concurso de popularidad. La vida se parece a un campo minado. Otros pueden pasar por este campo imprudentemente si así lo desean, pero usted adopta un enfoque diferente. Usted Identifica los peligros, sopesa su efecto relativo y luego da sus pasos de forma deliberada. Usted camina con cuidado.

`Deliberativo`

El Deliberativo se expresa así:

Dick H., productor de cine: "Todo lo mío tiene que ver con reducir la cantidad de variables; mientras menos variables, menor es el riesgo. Cuando negocio con directores, comienzo siempre cediendo en algunas cosas menores. Una vez que he despejado los asuntos menores, me siento mejor. Puedo enfocarme. Puedo tomar el control de la conversación".

Debbie M., gerente de proyectos: "Yo soy la persona práctica. Cuando mis colegas están tirando todas sus maravillosas ideas, me estoy haciendo preguntas como '¿Cómo va a funcionar? ¿Cómo lo va a aceptar este o ese otro grupo de personas? No diré que juego al abogado del diablo, debido a que eso es demasiado negativo, pero sí que sopeso las consecuencias y evalúo los riesgos. Y creo que todos tomamos mejores decisiones debido a mis preguntas".

Jamie B., trabajador de servicios: "No soy una persona muy organizada, pero si hay algo que hago muy bien es comprobar dos veces. No lo hago porque sea demasiado responsable o algo por el estilo. Lo hago para sentirme seguro. Con las relaciones, con el desempeño, con todo, estoy como en un limbo y necesito saber que la rama en donde estoy parado es sólida".

Brian B., administrador de escuela: "Estoy organizando un plan de seguridad para la escuela. Voy a conferencias, y tenemos a ocho comités trabajando. Tenemos un consejo de revisión distrital, y aun así no me siento seguro con el modelo básico. Mi jefa me pregunta: '¿Cuándo podré ver el plan?' Y yo le respondo 'Aun no. No me siento seguro'. Con una gran sonrisa en su cara, ella dice ' Vamos, Brian, no quiero que sea perfecto, sólo quiero un plan'. Pero me lo permite, ya que sabe que el cuidado que pongo ahora traerá grandes dividendos. Debido a todo este trabajo previo, una vez que se tome la decisión, ésta queda. No se echa pie atrás".

Ideas para la acción

❑ Por naturaleza, usted es una persona que tiene buen juicio, entonces considere hacer un trabajo en el que pueda brindar asesoría y consejos. Podría llegar a destacarse en el ámbito legal, en la creación de acuerdos de negocios sólidos o el cumplimiento de las normas.

- Sea cual fuere su rol, asuma la responsabilidad de ayudar a los demás a la hora de pensar en sus decisiones. Usted ve factores que las demás personas no ven. Muy pronto será visto como un valioso canal de discusión.

- Explique su cuidadoso proceso de toma de decisiones, aclare que pone en evidencia los riesgos para poder controlarlos y reducirlos. No desea que los demás malinterpreten su talento Deliberativo como vacilación a la hora de tomar decisiones o como temor a la acción.

- Usted inspira confianza debido a que es discreto y considerado acerca de temas sensibles. Use estos talentos aprovechando las oportunidades de manejar asuntos y conflictos delicados.

- En lugar de asumir riesgos en forma temeraria, usted tiene tendencia a abordar las decisiones con cautela. Confíe en su intuición cuando considere que algo es demasiado bueno para ser real.

Deliberativo

- En épocas de cambio, tenga en cuenta las ventajas de ser conservador en la toma de decisiones. Explíqueles estas ventajas a los demás.

- No permita que ninguna persona lo obligue a revelar demasiado sobre usted antes de tiempo. Estudie con detenimiento a las personas antes de compartir con ellas información confidencial. Por naturaleza, usted forja relaciones lentamente, así que siéntase orgulloso de su pequeño círculo de amigos.

- Asóciese con alguien en quien resalte el talento Mando, Autoconfianza o Activador. Juntos podrán tomar muchas decisiones y estas decisiones serán sensatas.

❑ Modere la tendencia de los demás a moverse sin orden, ni concierto hacia la acción, declarando un periodo de "consideración" antes de tomar las decisiones. Su cautela puede ayudar a los demás a alejarse de la insensatez y sacar conclusiones sabias.

❑ Permítase guardarse su opinión hasta que haya obtenido toda la información y tenga la oportunidad de reflexionar sobre su postura. No es alguien que acepte el cambio de inmediato; tiende a reflexionar sobre los posibles resultados de modo que se cubran todos los ángulos. Al ser una persona deliberativa, funciona como un "freno" para los tipos más impulsivos que desean avanzar rápidamente.

Trabajar con otros que tienen Deliberativo

❑ Pídale a esta persona que se una a equipos o grupos que tiendan a ser impulsivos. Tendrá un efecto contemporizador, lo que le añadirá a la mezcla la muy necesaria consideración y previsión.

❑ Es probable que sea un pensador riguroso. Antes de tomar una decisión, pídale que lo ayude a identificar las minas terrestres que pueden descarrilar sus planes.

❑ Respete el hecho de que esta persona puede ser privada. A menos que lo invite, no la presione para que se familiarice demasiado rápido. Y, del mismo modo, no se lo tome a modo personal si mantiene la distancia.

DESARROLLADOR

Usted ve el potencial de los demás. Con mucha frecuencia, el potencial es en realidad todo lo que ve. Según su punto de vista, ningún individuo está completamente formado. Por el contrario, cada individuo es un trabajo en progreso, lleno de posibilidades. Y usted se siente atraído a las personas por esta razón. Cuando interactúa con otros, su meta es ayudarlos a ser exitosos. Usted busca formas de incentivarlos. Elabora experiencias interesantes que pueden exigirles y hacerlos crecer. Todo el tiempo busca señales de crecimiento, un nuevo comportamiento aprendido o modificado, una pequeña mejora en una habilidad o un destello de excelencia o de "fluidez" donde antes solo había vacilación. Para usted, estas pequeñas mejoras, invisibles para algunos, son claras señales de la realización del potencial. Estas señales de crecimiento en otras personas son su combustible. Les trae fortaleza y satisfacción. **Desarrollador** Con el tiempo, muchos buscarán su ayuda y aliento, porque en algún nivel estas personas saben que su ayuda es genuina y satisfactoria para usted.

El Desarrollador se expresa así:

Marilyn K., presidenta de una universidad: "En el momento de graduarse, cuando una estudiante de enfermería atraviesa el escenario para tomar su diploma, y unas 18 corridas de asientos más allá hay un niño parado en una silla junto a un grupo que grita "¡Dale, mamá!". Adoro eso. Me hace llorar cada vez que ocurre".

John M., ejecutivo publicitario: "No soy abogado, médico ni productor de velas. Mis habilidades son de otro tipo. Tienen que ver con comprender a las personas y a sus motivos, y el placer que obtengo proviene de ver cómo las personas se descubren a sí mismas de maneras que nunca creyeron posibles, y de encontrar a personas que aportan talentos que no poseo".

Anna G., enfermera: "Tuve una paciente, una mujer joven, con un daño pulmonar tan grave que tendría que pasar el resto de su vida con oxígeno. Nunca tendría ni la energía ni la fortaleza para tener una vida normal. Yo entro donde está ella, y la veo desesperada. No sabe si le falta el aliento a causa de su ansiedad o si está ansiosa debido a la falta de aliento. Y habla de suicidarse porque no puede trabajar, no puede ayudar a su marido. De modo que la hice pensar en lo que sí podía hacer y no en lo que no podía hacer. Resultó que ella es muy creativa en lo artístico y haciendo artesanías, así que le dije, 'Mire, hay cosas que puede hacer, y si esas cosas le dan placer, hágalas. Es un punto donde comenzar'. Y ella rompió a llorar y dijo 'Apenas tengo energía para lavar un plato'. Yo dije, 'Eso es hoy. Mañana podrá lavar dos'. Y para la navidad, estaba haciendo todo tipo de cosas, y vendiéndolas, además.

Ideas para la acción

❑ Haga una lista de las personas a quienes ha ayudado a aprender y crecer. Mire la lista frecuentemente y recuerde el efecto que usted ha tenido en el mundo.

❑ Busque roles en los que sus principales responsabilidades recaigan en facilitar el crecimiento. Trabajar en el área de enseñanza, preparación o supervisión puede resultarle particularmente satisfactorio.

❑ Observe los éxitos de los demás y hágaselos saber. Sea específico con respecto a lo que vio. Estas observaciones detalladas sobre lo que los llevó a triunfar les permitirá aumentar su crecimiento.

- [ ] Identifique al mentor o a los mentores que hayan reconocido que usted tiene un don especial. Tómese el tiempo para agradecerles por ayudarlo en su desarrollo, aunque esto signifique localizar a un antiguo maestro de la escuela o enviarle una carta.

- [ ] Asóciese con alguien en quien resalte el talento Individualización. Esta persona puede ayudarlo a ver dónde residen las fortalezas más importantes de cada persona. Sin esta ayuda, los instintos que conllevan su talento Desarrollador pueden llevarlo a animar a personas a crecer en áreas en las que carecen de verdaderas fortalezas.

- [ ] Intente evitar apoyar a alguien que constantemente tenga dificultades para el desempeño de su rol. En dichos casos, la mejor medida de desarrollo que puede tomar es animarlo a que encuentre una función distinta, una función adecuada.

Desarrollador

- [ ] Usted se verá forzado a ser mentor de más personas de las que puede. Para satisfacer esta convicción interna al tiempo que se mantiene un enfoque principal en la enseñanza, considere el impacto de ser el "mentor del momento". Muchos de los más conmovedores y memorables momentos de evolución se dan cuando se pronuncian las palabras correctas en el momento correcto, palabras que aclaran la comprensión, vuelven a encender la pasión, abren los ojos ante una posibilidad y cambian el curso de una vida.

- [ ] No invierta demasiado en causas perdidas. Su inclinación natural a ver lo mejor en las personas y las situaciones puede crear un punto muerto que le impedirá avanzar a situaciones más oportunas.

❑ Su talento Desarrollador podría llevarlo a involucrarse tanto en el crecimiento de los demás como para pasar por alto su propio desarrollo. Recuerde que no puede dar lo que no tiene. Si desea tener un efecto aun mayor en el bienestar y el desarrollo de los demás, es necesario que siga creciendo usted mismo. Busque un mentor o coach que pueda invertir en usted.

❑ Haga una lista de las personas a quienes le gustaría ayudar a desarrollarse. Escriba las fortalezas de cada persona, a su modo de ver. Hágase tiempo para reunirse regularmente con cada una de estas personas, aunque sólo sea por 15 minutos, y asegúrese de hablar con ellas sobre sus metas y fortalezas.

Trabajar con otros que tienen Desarrollador

❑ Refuerce el autoconcepto de esta persona como alguien que llama a los demás a exigirse y a dar lo mejor de sí. Por ejemplo, dígale: "Ellos nunca habrían superado el récord por sí mismos. Su ánimo y confianza les dio la chispa que necesitaban".

❑ Mire a esta persona cuando sea hora de reconocer a sus compañeros de trabajo. Disfrutará seleccionar los logros que merecen ser elogiados y sus colegas sabrán que sus elogios son genuinos.

❑ Pídale a esta persona que lo ayude a crecer en su trabajo. Es probable que capte aquellas pequeñas mejoras de progreso que otros no son capaces de ver.

DISCIPLINA

Su mundo debe ser predecible. Debe ser ordenado y estar planificado. Así usted puede imponer instintivamente estructura a su mundo. Crea rutinas. Se enfoca en los plazos y fechas límites. Divide los proyectos a largo plazo en una serie de pasos específicos a corto plazo y sigue su plan con esmero. No necesariamente es una persona limpia y ordenada, pero necesita precisión. Cuando se enfrenta al desorden inherente de la vida, usted quiere sentir que tiene el control. Las rutinas, los plazos, la estructura, todo ello le ayuda a crear este sentimiento de control. Cuando hay un bajo desarrollo de este tema, los otros pueden resentir su necesidad de orden, pero no tiene por qué haber conflicto. Debe comprender que no todos sienten su urgencia por la predictibilidad, ya que el resto puede tener otras formas de hacer las cosas. De igual manera, puede ayudarlos a entender e incluso a apreciar su necesidad de estructura. Que no le gusten las sorpresas, su impaciencia con los errores, sus rutinas y su orientación a los detalles no tiene que ser malinterpretado como conductas controladoras en las que se encasilla a las personas. Por el contrario, estas conductas se pueden entender como su método instintivo de mantener su progreso y productividad frente a las diferentes distracciones de la vida.

La Disciplina se expresa así:

Les T., gerente hotelero: "El punto de inflexión en mi carrera fue hace algunos años, cuando asistía a uno de esos cursos de administración del tiempo. Siempre fui disciplinado, pero mi fuerza aumentó cuando supe cómo usar esa disciplina en un proceso organizado cada día. Este pequeño Palm Pilot significa que llamo a mi madre todos los domingos, y no dejo que pasen los meses sin llamarla. Significa que llevo a mi esposa a cenar fuera una vez a la semana, sin que ella tenga que pedírmelo. Significa que mis empleados saben que si digo que necesito ver algo el día lunes, estaré llamando el lunes si es que no lo he visto. Este Palm Pilot es tan parte de mi vida que he alargado todos los bolsillos de mis pantalones para llevarlo, justo aquí, en mi cadera".

Troy T., ejecutivo de ventas: "Puede que mi sistema de archivos no se vea tan bonito, pero es muy eficaz. Escribo todo a mano porque sé que ningún cliente verá esos archivos, de modo que, ¿Por qué perder tiempo haciendo que se vea hermoso? Toda mi vida como vendedor se basa en plazos y seguimientos. En mi sistema llevo un seguimiento de todo, de modo que puedo responsabilizarme no solo de mis plazos y seguimiento, sino también los de mis clientes y colegas. Si no se han comunicado conmigo para el momento en que prometieron, recibirán un correo electrónico mío. De hecho, el otro día escuché a uno de ellos decir que: 'Mas vale que me comunique con contigo, ya que sé que me llamará si no ha sabido de mí'".

Diedre S., gerente de oficina: "Detesto perder tiempo, así que hago listas, largas listas que me mantienen en el rumbo. Ahora mis listas tienen noventa elementos y logro hacer el noventa y cinco por ciento de ellos. Y eso es disciplina, porque no permito que nadie me haga perder mi tiempo. No soy brusca, pero con mucho tacto y sentido del humor puedo comunicarle que se terminó su tiempo.

Ideas para la acción

❑ No dude en revisar las cosas tantas veces como sea necesario para asegurarse de que todo está bien. De todos modos, siente la necesidad de hacerlo y pronto los demás van a esperar que usted lo haga.

❑ Acepte que los errores pueden llegar a deprimirlo. La precisión es un elemento clave en usted; no obstante, debe encontrar formas de sobrepasar estos momentos de molestia para evitar desanimarse.

❑ Reconozca que otras personas pueden no ser tan disciplinadas como usted. Lo más probable es que usted sienta frustración porque ellas no usan procedimientos ágiles, así que trate de mirar más allá y, en lugar de evaluarlas por el procedimiento que utilicen, enfóquese en los resultados.

❑ La exactitud es su fuerte; disfruta estudiando detenidamente los detalles. Busque oportunidades para leer detenidamente contratos, comunicaciones importantes o documentos financieros para ver si tienen errores. Puede evitar que usted y otros cometan errores costosos y quedar en ridículo.

Disciplina

❑ El aumento de la eficiencia es uno de sus sellos. En el fondo es un perfeccionista. Descubra situaciones donde se esté desperdiciando tiempo o dinero a causa de la ineficiencia, y cree sistemas o procedimientos para aumentar la eficiencia.

❑ No sólo crea orden, probablemente también lo anhela en la forma de un espacio bien organizado. Para liberar completamente su talento Disciplina, invierta en muebles y en organizadores que le permitan tener "un espacio para cada cosa y que cada cosa esté en su lugar".

❑ Los cronogramas lo motivan. Cuando tiene que realizar una tarea, le gusta saber cuál es la fecha límite para que pueda planificar su programa de manera acorde. Aplique su talento Disciplina al delinear paso a paso el plan que utilizará. Los demás agradecerán sus indicaciones porque mantendrán a todo el mundo "ocupado".

❑ Otros pueden confundir su talento Disciplina con rigidez. Ayúdelos a entender que su disciplina ayuda a que le agregue mayor eficacia al día, a menudo debido a que prioriza su tiempo. Cuando trabaja con otras personas que no son tan disciplinadas, pídales que aclaren los plazos de modo que pueda ajustar su carga de trabajo para dar cabida a sus solicitudes.

❑ Busque roles y responsabilidades que tengan estructura.

❑ Implemente rutinas que le permitan hacer un seguimiento sistemático. Con el tiempo, la gente llegará a valorar esta clase de predictibilidad.

Trabajar con otros que tienen Disciplina

❑ Cuando trabaje en un proyecto con esta persona, asegúrese de darle aviso previo de los plazos. Siente la necesidad de realizar su trabajo antes de lo previsto, y no puede hacer esto si no se le dice los plazos.

❑ Trate de no sorprenderla con cambios repentinos en los planes y prioridades. Lo inesperado es angustiante para ella. Puede arruinarle el día.

❑ La desorganización le molesta. No espere que dure mucho en un entorno físico desordenado.

EMPATÍA

Usted puede sentir las emociones de aquellos que lo rodean. Puede sentir lo que ellos están sintiendo como si fueran sus propios sentimientos. Por intuición, ve el mundo a través de sus ojos y comparte sus perspectivas. No necesariamente está de acuerdo con la perspectiva de cada persona. No necesariamente siente lástima por la situación de cada persona, ya que esto sería compasión y no empatía. No necesariamente aprueba las elecciones de cada persona, pero las comprende. Esta capacidad intuitiva de comprensión es poderosa. Usted escucha las preguntas aun no formuladas. Se anticipa a las necesidades. Cuando otros no encuentran las palabras adecuadas, usted parece encontrar las palabras precisas y el tono adecuado. Usted ayuda a las personas a encontrar las frases precisas para expresar sus emociones, tanto a ellos como a otros. Usted ayuda a las personas a dar voz a sus vidas emocionales. Por todas estas razones, las personas se sienten atraídas hacia usted.

La Empatía se expresa así:

Alyce J., administradora: "Hace poco tiempo estaba en una reunión de junta directiva en donde una mujer del grupo estaba presentando una nueva idea que era crucial para ella y para la vida del grupo. Cuando terminó, nadie había escuchado su opinión, en realidad nadie la había escuchado. Fue un momento tremendamente desmoralizante para ella. Lo pude ver en su rostro, y durante dos o tres días no fue ella misma. Terminé planteándole el problema con palabras que sirvieron para describir cómo se sentía. Dije: 'Algo está mal', y ella comenzó a hablar. Dije: 'Realmente la entiendo'. Sé lo importante que era esto para usted, y no parece usted', entre otras cosas. Y finalmente ella puso en palabras lo que estaba ocurriendo en su interior. Dijo, 'Usted fue la única persona que me escuchó y que me ha hablado acerca de eso'.

Brian H., administrador: "Cuando mi equipo está tomando decisiones, lo que me agrada es decir '¿Muy bien, qué dirá tal persona acerca de esto? ¿Qué dirá tal persona acerca de esto? Dicho de otra manera, póngase en su lugar. Pensemos en los argumentos desde su perspectiva, de modo que todos seamos más persuasivos".

Janet P., profesora de escuela: "Nunca jugué básquetbol porque ese deporte no era para las mujeres cuando yo era niña, pero creo que en un partido de básquetbol puedo saber cuándo el impulso esta cambiando, y quisiera ir donde el entrenador y decirle, 'Haga que aceleren. Los está perdiendo'. La empatía también funciona en grupos grandes, se puede sentir a la multitud".

Ideas para la acción

❑ Ayude a que sus amigos y colegas a ser más conscientes cuando uno de sus compañeros esté pasando por un momento difícil. Recuerde, la mayoría de las personas no tienen su capacidad de percatarse de las situaciones sensibles.

❑ Actúe sin demora y con firmeza si una persona se está comportando de una manera que no es sana ni para ella misma, ni para quienes la rodean. Entender el estado emocional de alguien no significa que usted deba justificar su comportamiento. Sea consciente de que cuando su empatía se transforma en compasión, los demás pueden verlo como un "defensor de pleitos perdidos".

❑ Asóciese con alguien en quien resalte el talento Mando o Activador. Esta persona lo ayudará a tomar las medidas necesarias, aunque como resultado de ello, los sentimientos de otras personas puedan llegar a resultar heridos.

❑ Considere ser el confidente o mentor de otras personas. Puesto que la confianza es primordial para usted, es probable que las personas se sientan cómodas al acercarse a usted para compartir cualquier necesidad. Su discreción y deseo de ser en verdad de ayuda serán muy valorados.

❑ En ocasiones, su empatía con los demás puede abrumarle. Cree algunos rituales que pueda usar al final del día para señalar que el trabajo ha terminado. Esto le permitirá proteger sus emociones y evitar el agotamiento.

❑ Identifique a un amigo en quien resalte el talento Empatía y verifique sus observaciones con él o ella.

❑ Al ser sensible hacia los sentimientos de los demás, usted equilibra el tono emocional de la sala. Use sus talentos para crear un puente de comprensión y apoyo mutuo. Su empatía será especialmente importante en los momentos de prueba puesto que demostrará su preocupación, construyendo de este modo seguridad y lealtad.

Empatía

❑ Ser testigo de la felicidad de los demás le causa placer. Por consiguiente, es probable que usted esté en sintonía con las oportunidades para destacar los éxitos de las personas y de reforzar positivamente sus logros. En cada oportunidad que se le presente, ofrezca una palabra de aliento, de aprecio o de reconocimiento. Al hacerlo, es probable que produzca una impresión profunda y vinculante.

❑ Debido a que usted es un observador de la forma en que los demás se sienten, es probable que intuya lo que está a punto de ocurrir antes de que se vuelva de conocimiento público. Aunque en ocasiones sus intuiciones pueden parecer simple "corazonadas", tome conciencia de ellas. Pueden llegar a ser unos activos valiosos.

❑ A veces la empatía no requiere el uso de palabras. Un gesto amable puede ser todo lo que alguien necesita para sentirse tranquilo. Use su talento Empatía para aliviar a los demás con una mirada, una sonrisa o una palmadita en el brazo.

Trabajar con otros que tienen Empatía

❑ Pídale ayuda a esta persona para entender cómo se sienten ciertas personas de su organización. Es sensible a las emociones de los demás.

❑ Antes de garantizar el compromiso de esta persona con un curso de acción en particular, pregúntele cómo se siente y cómo se sienten las otras personas con relación a los asuntos implicados. Para él, sus emociones son tan reales como otros factores más prácticos, por lo que se deben tener en cuenta al momento de tomar decisiones.

❑ Cuando los empleados o los clientes tienen dificultades para entender por qué es necesaria una acción, pida ayuda a esta persona. Puede ser capaz de sentir lo que les está faltando.

ENFOQUE

Usted se pregunta: "¿Hacia dónde me dirijo?" Se pregunta esto todos los días. Guiado por este tema Enfoque, usted necesita tener un destino claro. De lo contrario, su vida y su trabajo pueden convertirse rápidamente en algo frustrante. Y así, cada año, cada mes e incluso cada semana, usted fija metas. Estos objetivos son entonces como su brújula, que le ayuda a determinar las prioridades y a hacer los cambios necesarios para restablecer su curso. Su talento Enfoque es poderoso porque lo obliga a filtrar; por instinto, evalúa cada acción antes de adoptarla para determinar si le será o no de ayuda para alcanzar su meta. Aquellas que no lo sean, se pueden ignorar. Al final, entonces, su talento Enfoque lo lleva a ser eficiente. Naturalmente, la otra cara de la moneda es que esto hace que usted se ponga impaciente con los retrasos, obstáculos e incluso con las conexiones, sin importar qué tan intrigantes puedan parecer. Esto lo convierte en un miembro extremadamente valioso del equipo. Cuando otras personas comienzan a apartarse del tema central, usted las vuelve a ubicar en el tema **Enfoque** inicial. Su talento Enfoque le recuerda a todos que si algo no está ayudando a avanzar hacia el destino final, entonces no es importante. Y si no es importante, entonces no vale su tiempo. Usted mantiene a todos enfocados.

El Enfoque se expresa así:

Nick H., ejecutivo en computación: "Para mí es muy importante ser eficiente. Soy el tipo de persona que juega un partido de golf en dos horas y media. Cuando trabajaba en Electronic Data Systems, desarrollé una lista de preguntas de manera que podía revisar cada división en 15 minutos. El fundador,

Ross Perot, me llamó 'El Dentista' porque programaba el día completo de esta manera, con reuniones de quince minutos".

Brad F., ejecutivo de ventas: "Siempre estoy estableciendo prioridades, intentando encontrar la ruta más eficiente hacia la meta, de modo que haya poco tiempo muerto y muy pocos movimientos desperdiciados. Por ejemplo, recibo muchas llamadas de clientes que necesitan que llame por ellos al departamento de servicios, y en lugar de tomar cada una de esas llamadas a medida que entran, interrumpiendo las prioridades del día, las reúno en una sola llamada al final del día y resuelvo eso".

Mike L., administrador: "Las personas se sorprenden de la forma en que pongo las cosas en perspectiva y mantengo el rumbo. Cuando las personas del distrito están atoradas y atrapadas por barreras artificiales, soy capaz de esquivarlas, reponer el enfoque y hacer que las cosas sigan avanzando".

Doriane L., ama de casa: "Sencillamente soy el tipo de personas a la que le gusta ir al grano; en conversaciones, en el trabajo e incluso cuando salgo de compras con mi esposo. A él le gusta probar muchas cosas y tener tiempo para hacerlo, pero yo pruebo una, y si me gusta y no está demasiado cara, la compro. Soy una compradora quirúrgica".

Ideas para la acción

❑ Cuando ponga metas, impóngase la disciplina de acompañarlas con plazos e indicadores. Esto le servirá para medir su progreso con respecto a la meta.

❑ Busque roles en los pueda desempeñarse de manera independiente. Gracias a su talento dominante Enfoque, podrá mantenerse centrado con muy poca supervisión.

❑ Su aporte más importante como miembro de un equipo puede ser el de ayudar a los demás a ponerse metas. Al final de cada reunión, tome la responsabilidad de resumir lo que se decidió para determinar cuándo se van a poner en práctica estas decisiones y programar una fecha para que el grupo se vuelva a reunir.

❑ Otros pensarán, actuarán y hablarán de manera menos eficaz que usted. Preste atención. Algunas veces, los "rodeos" de los demás pueden conducir a descubrimientos y situaciones positivas.

❑ Póngase metas fuera del trabajo también. Si se encuentra demasiado concentrado en sus metas de trabajo, póngase metas con respecto a su vida personal. Estas metas le darán más peso a sus prioridades personales y, por lo tanto, lo ayudarán a crear equilibrio en su vida.

❑ Las horas pueden desaparecer cuando se dedica a una tarea; pierde la noción del tiempo. Asegúrese de cumplir todos sus objetivos y de respetar todas sus prioridades al programar sus deberes y adherirse a dicho programa.

Enfoque

❑ Funciona mejor cuando se puede concentrar en unas pocas iniciativas y exigencias bien definidas. Permítase rechazar proyectos o tareas que no sean acordes con su misión general. Esto le ayudará a concentrar sus esfuerzos en las prioridades más importantes, y permitirá que los demás noten su necesidad de enfoque.

❑ Tómese el tiempo para anotar sus aspiraciones y consúltelas a menudo. Se sentirá que tiene mayor control de su vida.

❑ En el trabajo, asegúrese de informarle a su jefe/supervisor cuáles son sus metas a mediano y corto plazo. Esto podría darle a su jefe/supervisor la confianza necesaria para brindarle el espacio que usted necesita.

❏ Cerciórese de que los puntos de enfoque que estableció para usted tienen en cuenta tanto la cantidad como la calidad. La integridad de sus objetivos le garantizará que la aplicación de su talento Enfoque lo llevará a tener un éxito contundente y duradero.

Trabajar con otros que tienen Enfoque

❏ Cuando hay proyectos con plazos críticos, trate de involucrar a esta persona. Instintivamente honra los plazos y compromisos. Tan pronto como posee un proyecto con una fecha límite, concentrará todas sus energías en él hasta que esté completo.

❏ Tenga en cuenta que las reuniones no estructuradas le molestarán a esta persona. Por lo cual, cuando esté presente en una reunión, intente seguir la agenda.

❏ No espere que esta persona sea siempre sensible a los sentimientos de los demás ya que, generalmente, su trabajo es prioridad por sobre los sentimientos de las personas.

ESTRATÉGICO

El tema Estratégico le permite ordenar la confusión y encontrar el mejor camino para seguir adelante. Esta no es una habilidad que se pueda enseñar. Es una manera distinta de pensar; una perspectiva especial sobre el mundo en general. Esta perspectiva le permite ver patrones donde otros solo ven complejidad. Teniendo en cuenta estos patrones, reproduce escenarios alternativos, preguntando siempre, "¿Qué pasaría si ocurriera esto? Bueno, ¿y si ocurriera esto?" Esta pregunta recurrente le ayuda a ver más allá. Ahí puede evaluar con precisión los obstáculos potenciales. Guiado por la dirección que ve hacia donde conduce cada camino, comienza a hacer selecciones. Descarta los caminos que conducen a ninguna parte. Descarta los caminos que conducen directo hacia la resistencia. Descarta los caminos que conducen a una niebla de confusión. Hacer selecciones hasta llegar a la ruta elegida ; su estrategia. Contando con su estrategia, van hacia adelante. Este es su tema Estratégico en el trabajo: ¿Qué pasaría si". Seleccione. Descubra.

El Estratégico se expresa así:

Liam C., gerente de planta productora: "Pareciera que siempre pudiera ver las consecuencia antes que los demás. Les tengo que decir a las personas, 'Abran sus ojos, miren el camino. Hablemos de dónde estaremos el próximo año, de modo que cuando lleguemos a esta fecha el año que viene no nos encontremos con los mismos problemas'. Me parece tan evidente, pero hay personas que están demasiado centradas en las cifras de este mes, para las cuales todo está orientado por ellas".

Vivian T., productora de televisión: "Solían gustarme mucho los problemas de lógica cuando era niña, ya sabe, esos donde

'Si A implica B, y B equivale C, ¿A es igual que C? Aun hoy siempre juego con las implicancias, viendo hacia donde conducen las cosas. Creo que esto hace que sea una buena entrevistadora. Sé que nada es por accidente, cada señal, cada palabra, cada tono de voz tiene un significado. De modo que observo esas pistas y juego con ellas mentalmente, veo hacia dónde llevan y luego planifico mis preguntas para aprovechar lo que he visto en mi mente".

Simon T., ejecutivo de recursos humanos: "Realmente en cierta etapa necesitábamos seguir adelante con el sindicato, y vi una oportunidad, un muy buen tema que enfrentar. Pude ver que estaban yendo en una dirección que los llevaría a meterse en muchas clases de problemas si seguían por ese camino. ¡Quién lo diría!, siguieron por ahí, y al llegar, ahí estaba yo, preparado y esperando. Supongo que me resulta natural anticipar lo que alguien más está por hacer. Y luego, cuando esa persona reacciona, puedo responder de inmediato porque me he sentado y he dicho, 'Bueno, si ellos hacen eso, nosotros haremos esto otro. Si hacen lo otro, nosotros haremos esta otra cosa', es como cambiar de rumbo en un velero. Usted se dirige en cierta dirección, pero va hacia un lado, y luego hacia el otro, planificando y reaccionando, planificando y reaccionando".

Ideas para la acción

❑   Tómese tiempo para reflexionar o pensar sólo en una meta que desee lograr hasta que surjan los patrones y problemas asociados a ella. Recuerde que ese momento de reflexión es esencial para el pensamiento estratégico.

❑   Usted puede ver las consecuencias con mayor claridad que los demás. Aproveche esta capacidad planificando con detalle su rango de respuestas. No sirve de mucho saber dónde conducirán los hechos si al llegar a ese punto usted no está preparado.

❑ Encuentre un grupo que usted crea que hace un trabajo importante y aporte su pensamiento estratégico. Puede ser un líder con sus ideas.

❑ Su pensamiento estratégico será necesario para evitar que una visión asequible se deteriore para convertirse en nada más que una utopía. Considere plenamente todos los caminos posibles para convertir una visión en realidad. La sabia previsión puede eliminar los obstáculos antes de que éstos aparezcan.

❑ Hágase conocido como un recurso para las consultas entre aquellos que están atorados en un problema en particular o impedidos de avanzar debido a un obstáculo o una barrera. Al ver, de manera natural, un camino cuando los demás están convencidos de que no lo hay, los conducirá al éxito.

❑ Es probable que usted se anticipe a los problemas potenciales con más facilidad que los demás. Pese a que su conciencia de un posible peligro podría considerarse **Estratégico** como negatividad, usted debe compartir sus percepciones si desea evitarlo. Para evitar que su intención se malinterprete, no sólo señale el obstáculo que prevé, mencione además alguna forma de evitarlo o superarlo. Confíe en su percepción, y utilícela para asegurar que sus esfuerzos culminen exitosamente.

❑ Ayude a los demás a comprender que su pensamiento estratégico no es un intento por restar importancia a sus ideas, sino que por el contrario, es una propensión natural a considerar objetivamente todos los aspectos de un plan. En lugar de ser una persona negativa, usted en realidad intenta dilucidar las maneras de asegurar que se cumpla la meta, pase lo que pase. Sus talentos le permitirán considerar las perspectivas de los demás y a la vez mantener a la vista las metas finales.

❑ Confíe en su intuición tan a menudo como sea posible. Aunque no pueda explicarla racionalmente, esta surge de un cerebro que anticipa y proyecta por instinto. Confíe en esas intuiciones.

❑ Asóciese con alguien que tenga un fuerte talento Activador. Al combinar la necesidad de actuar de esa persona con su necesidad de anticiparse, pueden forjar un compañerismo poderoso.

❑ Cerciórese de participar desde el inicio en las nuevas iniciativas o empresas. Su enfoque innovador, aunque metódico, será crucial para la génesis de una nueva aventura, ya que evita que sus creadores desarrollen una visión de túnel que resulte contraproducente.

Trabajar con otros que tienen Estratégico

❑ Involucre a esta persona en las sesiones de planificación. Pregúntele, "Si esto ocurriera, ¿qué podemos esperar? Si aquello ocurriera, ¿qué podemos esperar?"

❑ Siempre de a esta persona el tiempo suficiente para pensar en una situación antes de solicitar su aporte. No es probable que exprese su opinión hasta que haya pensado un par de escenarios en su mente.

❑ Cuando escuche o lea sobre estrategias que funcionaron en su campo, compártalas con esta persona. Esto estimulará su pensamiento.

FUTURISTA

"No sería genial si." Es el tipo de persona a la que le encanta mirar por encima del horizonte. El futuro le fascina. Y si estuviera proyectado en la pared, vería en detalle lo que el futuro puede deparar, y esta imagen detallada lo sigue impulsando hacia adelante, hacia el mañana. Mientras el contenido exacto de la imagen dependerá de sus otras fortalezas e intereses (un mejor producto, un mejor equipo, una mejor vida o un mejor mundo), siempre será de inspiración para usted. Usted es un soñador que tiene visiones de lo que podría ser y que atesora esas visiones. Cuando el presente prueba ser demasiado frustrante y las personas a su alrededor son demasiado pragmáticas, usted evoca sus visiones del futuro y estas lo energizan. Y también pueden energizar a otros. De hecho, con mucha frecuencia las personas lo miran a usted para describir sus visiones del futuro. Desean una imagen que pueda elevar sus vistas y, por lo tanto, sus espíritus, y usted puede crearla para ellos. Practique. Elija sus palabras con cuidado. Haga la imagen tan vívida como sea posible. Las personas querrán aferrarse a la esperanza que usted les da.

El Futurista se expresa así:

Dan F., administrador de escuela: "Soy del tipo de personas que dice "¿Pensó alguna vez en. ? Me pregunto si podemos. No creo que no se pueda. Es sólo que nadie lo ha hecho todavía. Encontremos la manera de hacerlo'. Siempre estoy en búsqueda de opciones, de formas que no se reflejen en las condiciones actuales. De hecho, no existe eso de las condiciones actuales. Uno siempre está avanzando, o retrocediendo. Esa es la realidad de la vida, al menos desde mi perspectiva. Y en este momento, pienso que mi profesión está retrocediendo. Las escuelas del estado están siendo desplazadas por las escuelas privadas, las escuelas concertadas, las escuelas en el hogar y las escuelas por Internet. Necesitamos liberarnos de las tradiciones y crear un nuevo futuro".

Jan K., médico internista: "Aquí en la Clínica Mayo, estamos lanzando un grupo llamado los Hospitalarios. En lugar de derivar a los pacientes de un médico a otro durante la estadía en el hospital, me imagino una familia de proveedores. Me imagino a quince o veinte médicos de distintos sexos y razas, trabajando con entre veinte y veinticinco enfermeras practicantes. Habrá entre cuatro y cinco nuevos servicios de hospital, la mayoría de los cuales trabajarán con los cirujanos, entregando atención para-operativa para las personas mayores hospitalizadas. Aquí estamos redefiniendo el modelo de la atención de salud. No solo cuidamos a los pacientes mientras están en el hospital. Si un paciente viene por un reemplazo de rodilla, un miembro del equipo de los Hospitalistas lo verá antes de la cirugía, le hará el seguimiento a partir de la cirugía mientras esté hospitalizado, y luego lo verá cuando regrese seis semanas después a su control postoperatorio. Les proporcionaremos a los pacientes una experiencia completa de atención, de modo que no se pierdan al pasar de mano en mano. Y para conseguir el financiamiento, simplemente visualicé un panorama detallado y lo describí una y otra vez al director del departamento. Creo que lo describí de una manera tan real que no tuvo otra opción más que otorgarme los fondos".

Ideas para la acción

❑ Elija roles en los que pueda aportar sus ideas sobre el futuro. Por ejemplo, puede llegar a destacarse en situaciones que impliquen empezar de cero o emprendimientos.

❏ Hágase tiempo para pensar en el futuro. Entre más tiempo dedique a tomar en consideración sus ideas sobre el futuro, más vívidas serán sus ideas. Entre más vívidas sean sus ideas, más persuasivo será.

❏ Rodéese de personas que aprecien sus ideas sobre el futuro. Ellas esperarán que haga realidad estas ideas, y usted se sentirá motivado por estas expectativas.

❏ Encuentre a un amigo o compañero que tenga un fuerte talento Futurista. Disponga una hora al mes para conversar sobre el futuro. Pueden estimularse uno a otro a alcanzar nuevas alturas de creatividad e intensidad.

❏ Asóciese con alguien que tenga un fuerte talento Activador. Esta persona puede recordarle que el futuro no se descubre, sino que se crea con las acciones realizadas en el presente.

❏ Usted inspira a los demás con sus imágenes del futuro, aun cuando sus ideas pueden ser demasiado amplias como para que las entiendan. Cuando plantee su visión, cerciórese de describir el futuro con detalles, usando palabras y metáforas vívidas. Haga que sus ideas y estrategias sean más concretas por medio de borradores y planes de acción **Futurista** paso a paso, o confeccione modelos ficticios de modo que los demás puedan captar rápidamente su intención.

❏ Rodéese de personas que estén deseosas de poner su visión en movimiento. Se sentirán encantadas con su talento Futurista, y usted podrá encauzar su energía para hacer realidad la visión.

❏ Prepárese para respaldar sus ideas futuristas con pensamiento lógico. Sus emocionantes visiones de los futuros éxitos tendrán mejor acogida si tienen arraigo en posibilidades reales.

❑ Su talento Futurista puede darle las herramientas para guiar o para ser coach de otras personas. A diferencia suya, podrían no ver fácilmente más allá del horizonte. Si tiene una visión de lo que alguien puede ser o puede hacer, no asuma que esa persona es consciente de ese potencial. Comparta lo que ve con toda la intensidad que pueda. De esa manera podrá inspirar a alguien a que avance.

❑ Meditar acerca del futuro es algo que le resulta natural. Lea artículos sobre tecnología, ciencias e investigación para adquirir conocimientos que estimulen su imaginación.

Trabajar con otros que tienen Futurista

❑ Tenga en cuenta que esta persona vive por el futuro. Pídale que comparta su visión con usted; su visión sobre su carrera, su organización y sobre el mercado o el campo en general.

❑ Estimule a esta persona hablando con ella a menudo sobre lo que podría ser. Haga muchas preguntas. Presiónela para que haga el futuro que ve lo más vívido posible.

❑ Envíele todos los datos o artículos que encuentre que podrían interesarle. Necesita alimentar su motor futurista.

IDEAR

A usted le fascinan las ideas ¿Qué es una idea? Una idea es un concepto, la mejor explicación de los eventos. Usted se maravilla cuando descubre debajo de la superficie compleja un concepto elegante y sencillo para explicar porque las cosas con como son. Una idea es una conexión. La suya es una mente que busca constantemente conexiones, es por eso que lo intriga cuando fenómenos aparentemente diferentes pueden ser conectados por una conexión escondida. Una idea es una nueva perspectiva de un desafío familiar. Usted se deleita en tomar el mundo que todos conocemos y darle la vuelta para que podamos verlo desde un ángulo desconocido pero extrañamente esclarecedor. Ama todas estas ideas porque son profundas, novedosas, clarificadoras, opuestas y bizarras. Por todas estas razones, usted obtiene una carga de energía cada vez que se le ocurre una nueva idea. Algunos lo etiquetan como creativo u original o conceptual o incluso inteligente. Quizás sea todo eso. ¿Quién puede estar seguro? De lo que usted está seguro es que las ideas son emocionantes. Y en la mayoría de los días esto es suficiente.

Idear se expresa así:

Mark B., escritor: "Mi mente funciona descubriendo las conexiones entre las cosas. Cuando estaba en busca de la Mona Lisa en el museo del Louvre, doblé una esquina y me encandiló la luz de un millar de cámaras fotografiando la pequeña pintura. Por alguna razón, conservé esa imagen. Luego noté un letrero que decía 'No usar cámara fotográfica con flash' y también conservé esa imagen. Pensé que eso era muy extraño, ya que recordaba que el flash de las fotografías podía dañar las pinturas. Luego, seis meses después, leí que la Mona Lisa había sido robada por lo menos dos veces durante este siglo. Y de pronto encajaron las piezas. La única explicación de aquello era que la Mona Lisa real no se exhibía en el Louvre. La Mona Lisa real había sido robada, y el museo, atemorizado de admitir su descuido, había puesto una falsificación. No sé si esto es verdad, pero ¡qué tremenda historia!".

Andrea H., diseñadora de interiores: "Tengo el tipo de mentalidad en la que todo debe encajar, si no, comienzo a sentir algo extraño. Para mí, cada mueble representa una idea. Cumple una función distinta, ya sea en sí misma o en relación con los demás. La 'idea' de cada pieza tiene tanta fuerza en mi mente, que debo obedecerla. Si estoy sentada en una sala donde de alguna manera las sillas no cumplen su función, son sillas inadecuadas, están puestas de la manera equivocada o están demasiado cerca de la mesa de café, me siento físicamente incómoda y me distraigo mentalmente. Mas tarde, no logro alejar el asunto de mi mente. Me encuentro despierta a las 3 de la madrugada y recorro mentalmente la casa de esa persona, reorganizando los muebles y cambiando el color de las paredes. Esto comenzó a ocurrir cuando yo era muy niña, como a los siete años de edad.

Ideas para la acción

❑ Busque una carrera en la que se le dé el crédito por sus ideas, y se le compense por ellas, como por ejemplo marketing publicidad, periodismo, diseño o desarrollo de nuevos productos.

❑ Es probable que usted se aburra con rapidez, de modo que introduzca algunos cambios leves a su trabajo o a su vida hogareña. Experimente. Sostenga juegos mentales consigo mismo. Todo eso le ayudará a mantenerse estimulado.

- ❏ Complete sus pensamientos o ideas antes de comunicarlas. Sin su talento Idear, los demás pueden no ser capaces de "atar los cabos" de una idea interesante aunque incompleta, pudiendo llegar a menospreciarla.

- ❏ No todas sus ideas serán igualmente prácticas o útiles. Aprenda a sintetizar sus ideas, o encuentre algún amigo o colega en quien confíe, y que pueda "poner a prueba" sus ideas e identificar sus peligros potenciales.

- ❏ Comprenda lo que impulsa su talento Idear: ¿en qué momento surgen sus mejores ideas? ¿Cuándo conversa con otras personas? ¿Cuándo lee? ¿Sencillamente cuando está escuchando u observando? Tome nota de las circunstancias que parecen producir sus mejores ideas, y vuelva a crearlas.

- ❏ Programe tiempo para la lectura, ya que las ideas y pensamientos de los demás pueden convertirse en su materia prima para nuevas ideas. Programe tiempo para pensar, ya que el pensar le da energía.

- ❏ Usted se adapta naturalmente a la investigación y el desarrollo, aprecia la mentalidad de los visionarios y soñadores. Invierta tiempo junto a los compañeros imaginativos y participe en sus sesiones de lluvia de ideas. `Idear`

- ❏ Asóciese con alguien que tenga un fuerte talento Analítico. Esta persona lo cuestionará y desafiará, reforzando de esa manera sus ideas.

- ❏ A veces usted pierde el interés de los demás porque no pueden seguir su manera de pensar abstracta e intelectual. Haga que sus ideas sean más concretas por medio de dibujos, o de analogías o metáforas, o sencillamente explicando paso a paso sus conceptos.

❑ Alimente su talento Idear reuniendo conocimientos. Estudie materias e industrias diferentes a las suyas. Aplique ideas externas y relacione ideas dispares para generar nuevas ideas.

Trabajar con otros que tienen Idear

❑ Esta persona disfruta del poder de las palabras. Cuando se encuentre con una combinación de palabras que capture a la perfección un concepto, idea o patrón, compártala con ella. Estimulará su pensamiento.

❑ Esta persona será particularmente eficaz como diseñador, ya sea de estrategias de venta, campañas de marketing, soluciones en atención al cliente o nuevos productos. Siempre que sea posible, trate de sacar lo mejor de su habilidad de crear.

❑ Trate de alimentar a esta persona con nuevas ideas; se nutre con ellas. No solo estará más entusiasmada con su trabajo, sino que también utilizará estos nuevos conceptos para generar nuevos conocimientos y descubrimientos por su cuenta.

INCLUSIÓN

"Extiende más el circulo". Esta es la filosofía sobre la cual orienta su vida. Usted quiere incluir a las personas y hacer que se sientan parte del grupo. En contraste directo con las personas que se sienten atraídas únicamente a grupos exclusivos, usted evita activamente los grupos que excluyen a otros. Usted quiere ampliar el grupo para que el mayor número posible de personas pueda beneficiarse de su soporte. Odias la vista de alguien en el exterior mirando hacia adentro. Quiere atraerlos para que puedan sentir el calor del grupo. Usted es una persona que acepta instintivamente. No importa la raza, el sexo, la nacionalidad, personalidad o religión, usted emite muy pocos juicios. Los juicios pueden lastimar los sentimientos de una persona. ¿Por qué hacerlo sin no es necesario? Su naturaleza de aceptar no descansa necesariamente en la creencia de que cada uno de nosotros es diferente y que hay que respetar estas diferencias. Más bien se basa en la convicción de que básicamente somos todos iguales. Somos todos igual de importantes. Por lo tanto, nadie debe ser ignorado. Todos debemos ser incluidos. Es lo mínimo que merecemos.

La Inclusión se expresa así:

Inclusión

Harry B., asesor de transición profesional: "Incluso cuando era un niño, aunque era muy tímido, me cercioraba de ser yo quien invitara a los demás a jugar. Al escoger equipos o bandos en la escuela, nunca me opuse a que alguien participara con nosotros. De hecho, puedo recordar que cuando tenía unos once o doce años, tuve un amigo que no era miembro de nuestra iglesia. Estábamos en una cena de la iglesia y el se presentó en la puerta debido a que habitualmente desarrollábamos nuestras actividades juveniles de la iglesia durante esa noche.

De inmediato me levanté, lo presenté ante mi familia y le ofrecí sentarse a la mesa.

Jeremy B., abogado defensor: "Cuando recién comencé en este empleo, me reunía con personas y entablaba una amistad rápida y desenfrenada con ellos casi desde el primer día solo para encontrarme más tarde con que, claro, esta persona tenía un montón de problemas y yo ya lo había incluido en nuestras veladas y en nuestro círculo social. Mi compañero, Mark, es del tipo '¿Qué es exactamente lo que hizo que quisieras incluir a esta persona?' Y entonces tengo que tratar de descubrir qué fue lo que me motivó cuando recién la conocí, qué me hizo disfrutarla tanto. Y, usted sabe, asegurarme de que este sea el aspecto de ellos en el que Mark y yo nos enfocamos. Ya que, una vez que incluyo a alguien en mi círculo, no lo hago a un lado".

Giles D., entrenador corporativo: "En clases, pareciera que soy capaz de sentir cuando alguien pierde el interés en la discusión grupal, y lo traigo de vuelta de inmediato a la conversación. La semana pasada tuvimos una prolongada discusión sobre evaluación del desempeño, y había una mujer que no pronunciaba palabra. Así que dije, 'Mónica, usted ha tenido evaluaciones de desempeño. ¿Tiene alguna opinión sobre la materia?' Realmente pienso que esto me ha ayudado como maestro, ya que cuando no conozco la respuesta de algo, a menudo es la persona a la que presiono para que participe la que me da la respuesta".

Ideas para la acción

❑ Considere roles en los que pueda asumir la responsabilidad de representar a aquellos que por lo general no son escuchados. Obtendrá mucha satisfacción al ser el portavoz de esas personas.

- [ ] Busque oportunidades de reunir a personas de culturas y orígenes diversos. Usted puede ser un líder en este terreno.

- [ ] Ayude a aquellos que son nuevos en una organización o grupo a que conozcan a las demás personas. Usted será siempre un experto en hacer que las personas se sientan aceptadas y que participen.

- [ ] Como persona que se opone a las elites, puede que le resulten chocantes aquellos que sienten que tienen derecho a privilegios y al poder. En lugar de confrontar sus afirmaciones, use su talento Inclusión para ayudar a que todos encuentren un terreno común y valore sus aportes.

- [ ] Reconozca la incomodidad que siente cuando debe ser el portador de malas noticias. Busque compañeros que puedan ayudarlo a justificar su posición, de modo que no deba justificarse o suavizar demasiado el mensaje.

- [ ] No todas las personas son adorables, ni siquiera agradables. Aunque muchos de sus amigos o compañeros pueden resultar desanimados por personas conflictivas, usted tiene una capacidad natural para interesarse por todas las personas. Comunique a los demás que, si alguna vez son llevados al límite por alguna persona conflictiva, pueden pedirle que interceda.

Inclusión

- [ ] Escoja roles en los que trabaje e interactúe permanentemente con otras personas. Disfrutará el desafío de hacer que todos se sientan importantes.

- [ ] Asóciese con alguien con talento Activador o Comando dominante. Esta persona puede ayudarlo al momento de tener que dar noticias que podrían herir los sentimientos de alguien.

❑ Tome en cuenta que las personas se relacionarán entre sí por medio de usted. Usted es un canal de información. Usted puede interactuar con todas las partes y con todos los integrantes de un grupo y mantenerlos conectados entre sí eficazmente.

❑ Explique lo que todos tenemos en común. Ayude a los demás a comprender que para respetar las diferencias entre nosotros (nuestra diversidad), debemos comenzar por apreciar las cosas que compartimos (nuestras similitudes).

Trabajar con otros que tienen Inclusión

❑ Cuando tenga funciones de grupo, pida ayuda a esta persona para que se asegure de que todos estén incluidos. Él trabajará duro para que ningún individuo o grupo se pase por alto.

❑ Pídale a esta persona ayuda para pensar en clientes, mercados u oportunidades potenciales a los que no esté llegando actualmente.

❑ Si usted no es un "natural" en entornos sociales, manténgase cerca de una persona con Inclusión. Se asegurará de que usted sea parte de la conversación.

INDIVIDUALIZACIÓN

Su tema Individualización lo lleva a sentir intriga por las cualidades únicas de cada persona. Se impacienta con las generalizaciones o "tipos", ya que no quiere ocultar lo que es especial y diferente de cada persona. En su lugar, se enfoca en las diferencias entre los individuos. Observa instintivamente el estilo y la motivación de cada persona, cómo piensa cada uno, y cómo construyen relaciones. Escucha las historias únicas de la vida de cada persona. Este tema explica por qué escoge a sus amigos el regalo de cumpleaños correcto, por qué sabe que una persona prefiere elogios en público y otra los detesta, y por qué adapta su estilo de enseñanza para acomodarse a la necesidad de una persona de mostrarse y al deseo de otro de "averiguar sobre la marcha". Dado que es un agudo observador de los puntos fuertes de los demás, puede sacar lo mejor de cada persona. El tema Individualización también ayuda a construir equipos productivos. Mientras que algunos buscan por todos lados la "estructura" o "proceso" de equipo perfecto, usted sabe instintivamente que el secreto de los grandes equipos se basa en la selección de fortalezas individuales para que cada uno pueda hacer muchas de las cosas que hace bien.

Individualización se expresa así:

Les T., gerente hotelero: "Carl es uno de nuestros mejores trabajadores, pero sigue visitándome cada semana. Solo quiere un poco de aliento, y controlar su trabajo, y al poco rato de la reunión ya está entusiasmado. A Greg no le agrada reunirse muy a menudo, de modo que no necesito molestarlo. Y cuando nos reunimos, es en realidad por mí, no por él".

Individualización

Marsha D., ejecutiva editorial: "A veces salgo de mi oficina y, ¿ha visto esos pequeños globos sobre las cabezas de los personajes animados? Veo esos pequeños globos sobre las cabezas de todo el mundo diciendo lo que tienen en sus mentes. Suena extraño, ¿no? Pero me ocurre todo el tiempo".

Andrea H., diseñadora de interiores: "Cuando se le pregunta a las personas cuál es su estilo, encuentran difícil describirlo, así que simplemente les pregunto '¿cuál es su lugar favorito en su casa?' Y al hacer esa pregunta sus rostros se iluminan y saben exactamente hacia dónde llevarme. A partir de ese lugar puedo comenzar a unir las piezas del tipo de personas que son y cuál es su estilo".

Ideas para la acción

❑ Escoja una vocación en la que su talento Individualización puede ser útil y apreciado, como por ejemplo asesoría, supervisión, enseñanza, escritura, redacción de artículos de interés o ventas. Su capacidad para ver a las personas como individuos únicos es un talento especial.

❑ Conviértase en experto en describir sus propias fortalezas y estilo. Por ejemplo, responda preguntas tales como ¿cuál es el mejor elogio que ha recibido? ¿Con cuánta frecuencia le agrada reportarse con su gerente? ¿Cuál es el mejor método para construir relaciones? ¿Cuál es su mejor manera de aprender? Luego plantee estas mismas preguntas a sus compañeros y amigos. Ayúdelos a planificar su futuro a partir de sus fortalezas, y luego diseñando un futuro que se base en lo que mejor hacen.

❑ Ayude a que los demás entiendan que la verdadera diversidad puede encontrarse en las diferencias sutiles de cada persona, sin importar la raza, el género ni la nacionalidad.

❑ Explíqueles que tratar a cada persona en forma diferente es lo apropiado, justo y eficaz. Puede que aquellas personas que carecen de un fuerte talento Individualización no reconozcan las diferencias entre los individuos e insistan en que la individualización es poco equitativa y por lo tanto injusta. Necesitará describir su punto de vista en detalle para persuadirlas.

❑ Averigüe qué es lo que mejor hace cada persona de su equipo. Luego ayúdelas a aprovechar sus talentos, destrezas y conocimientos. Puede que necesite explicar su razonamiento y filosofía para que las personas comprendan que lo que usted tiene en mente es en el mejor interés de ellas.

❑ Usted tiene conciencia y aprecio por las preferencias y rechazos de los demás y tiene además la capacidad de darles un trato personalizado. Esto lo sitúa en una posición única. Use su talento Individualización para ayudar a identificar áreas en las que no exista una fórmula válida para todos.

❑ Haga que sus amigos y compañeros estén conscientes de las necesidades únicas de cada persona. Muy pronto las personas acudirán a usted para explicarse las acciones y motivaciones de los demás.

Individualización

❑ Sus presentaciones y oportunidades de hablar serán más atractivas si asocia su tema a las experiencias de las personas que se cuentan entre el público. Use su talento Individualización para reunir y compartir historias de la vida real que plantearán sus ideas mucho mejor que la información o las teorías genéricas.

❑ Usted se mueve cómodamente en una variedad de estilos y culturas, e intuitivamente personaliza sus relaciones. En forma consciente y proactiva haga uso pleno de esos talentos dirigiendo la diversidad y los esfuerzos comunitarios.

❑ Su talento Individualización puede ayudarlo a adoptar una perspectiva diferente de la interpretación de la información. Mientras los demás buscan similitudes, propóngase identificar las cualidades distintivas. Su interpretación añadirá una perspectiva valiosa.

Trabajar con otros que tienen Individualización

❑ Cuando tenga dificultad para entender la perspectiva de alguien, recurra a esta persona para su entendimiento. Le puede mostrar el mundo a través de sus ojos.

❑ Si desea aprender más acerca de sus talentos únicos y de cómo destacarse en una multitud, pídale a esta persona sus percepciones.

❑ Tenga una charla con esta persona cuando tenga problemas con un compañero de trabajo. Sus intuiciones sobre la acción adecuada para cada individuo serán sensatas.

INTELECCIÓN

A usted le gusta pensar. Le gusta la actividad mental. Le gusta ejercitar los "músculos" de su cerebro, estirándolos en múltiples direcciones. Esta necesidad de actividad mental puede tener un enfoque, por ejemplo, puede estar tratando de resolver un problema, desarrollar una idea o entender los sentimientos de otra persona. El enfoque extra dependerá de sus otras fortalezas. Por otro lado, esta actividad mental puede carecer de enfoque. El tema Intelección no dicta lo que está pensando, sino que simplemente describe que le gusta pensar. Usted es el tipo de persona que disfruta de su tiempo a solas, porque es su tiempo para meditaciones y reflexiones. Es introspectivo. En cierto sentido, usted es su mejor compañero, ya que se plantea preguntas a sí mismo y prueba usted mismo las respuestas para ver cómo suenan. Esta introspección puede dar lugar a una ligera sensación de descontento ya que usted compara lo que realmente está haciendo con todos los pensamientos e ideas que su mente concibe. O esta introspección puede inclinarse hacia asuntos más pragmáticos, como los acontecimientos del día o una conversación que va a tener más tarde. Donde sea que lo conduzca, el zumbido mental es una de las constantes en su vida.

La Intelección se expresa así:

Intelección

Lauren H., gerente de proyectos: "Me imagino que la mayoría de las personas con quienes me encuentro a la pasada asumen que soy extremadamente extrovertida. No niego el hecho de que me encanta la gente, pero se sorprenderían de saber cuán sola, cuánta soledad, necesito para funcionar en público. Realmente me encanta mi propia compañía. Amo la soledad porque me da la posibilidad de dejar que mi difuso enfoque se fragüe lentamente con algo más. Es de ahí de donde vienen mis mejores ideas. Mis ideas necesitan cocinarse a fuego lento y 'aparecer'. Usaba esta frase aun cuando era más joven. 'Tengo que añadir mis ideas, y luego tengo que esperar a que se surjan'".

Michael P., ejecutivo de marketing: "Es extraño, pero necesito que haya ruido a mi alrededor, si no, no puedo concentrarme. Necesito que partes de mi cerebro estén ocupadas, si no, se dispara en tantas direcciones que no consigo concretar nada. Si puedo usar mi cerebro con la televisión encendida, o con los niños corriendo por ahí, me concentro mejor todavía".

Jorge H., gerente de una fábrica y ex preso político: "Era habitual que nos pusieran en celdas de incomunicación como castigo, pero nunca me pareció tan horrible como a los demás. Se podría pensar que uno se vuelve solitario, pero nunca me ocurrió eso. Aprovechaba ese tiempo para reflexionar sobre mi vida y saber qué tipo de hombre era yo, y lo que era en verdad importante para mí: mi familia y mis valores. De alguna manera extraña, la soledad en realidad me calmaba y fortalecía".

Ideas para la acción

❏ Considere comenzar sus estudios de filosofía, literatura o psicología, o bien considere continuarlos. Usted disfrutará siempre de los temas que estimulen su mente.

❏ Haga una lista de sus ideas en un registro o en un diario. Esas ideas serán la materia prima de su molino mental, y podrían producir valiosas percepciones.

❏ Forje conscientemente relaciones con personas a quienes usted considere "grandes pensadores". El ejemplo de ellas lo inspirará a enfocarse en su propio pensamiento.

❑ Las personas pueden pensar que usted es indiferente o no tiene compromisos cuando cierra su puerta o pasa tiempo a solas. Ayúdelas a comprender que se trata de un simple reflejo de su manera de pensar, y que no surge de un menosprecio por las relaciones, sino de su deseo de aportar lo más posible a esas relaciones.

❑ Usted está en su mejor condición cuando se da el tiempo de seguir una senda intelectual y ver hacia dónde conduce. Participe desde un comienzo en los proyectos e iniciativas en lugar de sumarse cuando ya están en su etapa de ejecución. Si se une en etapas posteriores, puede descarrilar lo que ya se ha decidido y sus aportes pueden llegar demasiado tarde.

❑ Una manera en que usted entiende el sentido de las cosas es hacer participar a las personas en un debate intelectual y filosófico. Esto no suele darse en todas las personas. Asegúrese de canalizar sus provocativas interrogantes hacia aquellos que también disfruten del dar y recibir de los debates.

❑ Programe tiempo para pensar, puede darle energía. Aproveche esas ocasiones para meditar y reflexionar.

❑ Tómese un tiempo para escribir. La escritura puede ser la mejor manera en que usted cristalice e integre sus ideas.

❑ Busque personas a quienes les agrade conversar acerca de los mismos temas que usted. Organice un grupo de discusión que aborde sus temas de interés.

Intelección

❑ Aliente a las personas que lo rodean a que aprovechen todo su capital intelectual reformulando preguntas y haciéndolos participar en un diálogo. Al mismo tiempo, tome en cuenta que habrá quienes se intimiden con esto y necesiten reflexionar antes de dar una respuesta u opinión inmediata.

Trabajar con otros que tienen Intelección

❑ No dude en retar el modo de pensar de esta persona; es probable que no se sienta amenazada por esto. Al contrario, lo tomaría como una señal de que usted le está prestando atención.

❑ Cuando se enfrente a libros, artículos o propuestas a evaluar, pídale a esta persona que las lea y le diga su opinión al respecto. Le encanta leer.

❑ Aproveche el hecho de que el pensamiento le da energía a esta persona. Por ejemplo, cuando necesite explicar por qué algo se tiene que hacer, pídale que piense en ello y que lo ayude a descubrir una explicación detallada.

LOGRADOR

Su talento Logrador ayuda a explicar su impulso. El Logrador describe una necesidad constante de logro. Se siente como si cada día empezara de cero. Al final del día, debe haber logrado algo tangible para sentirse bien consigo mismo. Y con "todos los días", usted quiere decir todos los días, laborables, fines de semana y vacaciones. No importa lo mucho que pueda sentir que se merece un día de descanso, si el día pasa sin algún tipo de logro, por pequeño que sea, no se sentirá satisfecho. Tiene un fuego interno quemando dentro de él. Lo empuja a hacer más, a lograr más. Después de alcanzar cada logro, el fuego mengua por un momento, pero muy pronto se reaviva, empujándolo hacia el siguiente logro. Su incansable necesidad de obtener logros puede no ser lógica. Puede incluso no estar enfocada, pero siempre estará con usted. Como un Logrador, usted debe aprender a vivir con este susurro de descontento. Pero esto sí tiene sus beneficios. Le brinda la energía que necesita para trabajar durante muchas horas sin agotarse. Es el impulso con el que siempre puede contar para comenzar a realizar nuevas tareas, nuevos desafíos. Es la fuente de energía que le hace determinar el ritmo y definir los niveles de productividad para su grupo de trabajo. Es el tema que lo mantiene en movimiento.

Un Logrador se expresa así:

Melanie K., enfermera de una sala de emergencias: "Tengo que acumular puntos cada día para sentirme exitosa. Hoy he estado aquí apenas media hora, y ya he acumulado treinta puntos. Pedí equipo para la sala de emergencias, hice que repararan equipos, tuve una reunión con la enfermera de turno, tuve una sesión de lluvia de ideas con mi secretaria sobre cómo mejorar el libro de registros digital. De modo que en mi lista de noventa cosas,

`Logrador`

ya tengo hechas treinta de ellas. Me siento muy bien conmigo misma en este momento".

Ted S., vendedor: "El año pasado fui el vendedor del año entre los trescientos vendedores de mi empresa. Me sentí bien durante un día, pero con toda certeza transcurrida una semana era como si nunca hubiese ocurrido. Estaba de vuelta a fojas cero. A veces quisiera no ser un logrador, ya que esto puede sacarme de una vida equilibrada y llevarme a la obsesión. Solía pensar que podía cambiar, pero ahora sé que simplemente eso está en mi sistema. Este tema es verdaderamente una espada de doble filo. Me ayuda a lograr mis metas, pero por otro lado, quisiera que esto pudiera encenderse y apagarse a voluntad. Pero no puedo. *Puedo* manejarlo y evitar la obsesión por el trabajo centrándome en los logros de los demás aspectos de mi vida, no solo en el trabajo".

Sara L., escritora: "Este tema es extraño. En primer lugar, es algo bueno, puesto que uno vive en búsqueda constante de retos. Pero en segundo lugar, se siente como si nuestras metas nunca terminaran de cumplirse. Esto puede hacer que la vida entera sea como ir cuesta arriba a más de cien kilómetros por hora. Nunca se descansa, puesto que siempre hay algo más que hacer. Pero, para compensar, preferiría tenerlo que no tenerlo. Yo lo llamo mi "divina impaciencia", y si me hace sentir como si le debiera al presente todo lo que tengo, que así sea. Puedo vivir con eso".

Ideas para la acción

❑   Elija empleos en los que tenga vía libre para trabajar tan arduamente como lo desee y en los cuales se le fomente la posibilidad de medir su propia productividad. En entornos como este, usted se sentirá lo suficientemente exigido y animado.

❑ Como emprendedor/logrador disfrute el sentimiento de estar ocupado, aunque también necesita saber que "ha terminado". Acompañe las metas con cronogramas e indicadores de modo que el esfuerzo produzca un avance definido y resultados tangibles.

❑ Recuerde incorporar la celebración y el reconocimiento en su vida. Los emprendedores/logradores tienden a avanzar hacia su próximo reto sin reconocer sus éxitos. Haga frente a este impulso creando oportunidades habituales para disfrutar de su avance y sus logros.

❑ Su gusto por la acción podría hacer que le parezcan un poco aburridas las reuniones. Si este es el caso, recurra a su talento Emprendedor/Logrador para conocer los objetivos de cada reunión con anticipación y tomar notas sobre el avance hacia dichos objetivos durante la reunión. Puede ayudar a garantizar que las reuniones sean productivas y eficaces.

❑ Continúe su educación mediante la obtención de certificaciones en su área o especialidad, además de asistir a conferencias y otros programas. Esto le proporcionará aun más metas que lograr y ampliará los horizontes de sus logros.

❑ No requiere mucha motivación de los demás. Aproveche su automotivación poniéndose metas exigentes. Se pone una meta más exigente cada vez que finaliza un proyecto.

Logrador

❑ Se asocia con otros trabajadores incansables. Comparte sus metas con ellos de modo que puedan ayudarlo a lograr más.

- Cuente los logros personales en su sistema de "puntuación". Esto lo ayudará a focalizar su talento Emprendedor/ Logrador no sólo en el ámbito laboral sino también en el familiar y de las amistades.

- Más trabajo lo emociona. Las posibilidades de lo que está por venir le resultan infinitamente más motivadoras que lo que ya se ha hecho. Lanza iniciativas y nuevos proyectos. Su reserva de energía aparentemente inagotable, creará entusiasmo y empuje.

- Asegúrese de que en su afán por lograr más en su empleo, no perjudique la calidad. Cree estándares medibles de sus resultados para garantizar que el aumento en la productividad coincida con una mejor calidad.

Trabajar con otros que tienen Logrador

- Establezca una relación con esta persona trabajando junto a ella. Trabajar arduamente junto con alguien es por lo general una experiencia de vinculación para él. Se sentirá molesto con los "flojos".

- Reconozca que a esa persona le agrada estar ocupada. Probablemente, asistir a reuniones sea bastante aburrido para esa persona. Así que invítelo solo a reuniones en las que realmente lo necesite y en las que se sienta comprometido. Si no es necesario que esté en la reunión, deje que haga su trabajo.

- Es posible que esta persona necesite dormir menos y levantarse más temprano que otros. Búsquelo cuando el trabajo requiera esas condiciones. Además hágale preguntas tales como: "¿Hasta qué hora tuvo que trabajar para completar este trabajo?" Agradecerá ese tipo de atención.

MANDO

El Mando le impulsa a hacerse cargo. A diferencia de algunas personas, no siente ningún malestar al imponer sus puntos de vista a los demás. Por el contrario, una vez que usted forma su opinión, necesita compartirla con los demás. Una vez que establece la meta, se siente inquieto hasta que haya alineado a los demás con usted. No teme a la confrontación; en su lugar, sabe que la confrontación es el primer paso hacia la resolución. Mientras que otras personas pueden evitar enfrentarse a cosas desagradables de la vida, usted se siente obligado a presentar los hechos o la verdad, por muy desagradable que sea. Necesitan que las cosas sean claras entre las personas y las reta para que sean perspicaces y honestas. Los impulsa a correr riesgos. Incluso puede intimidarlos. Y mientras que algunos pueden sentirse ofendidos por sus acciones, y le califican como obstinado, a menudo le ceden el control voluntariamente. Las personas se sienten atraídas hacia aquellos que toman una postura y les piden que se muevan en una dirección determinada. Por lo tanto, las personas se sentirán atraídas por usted. Usted tiene presencia. Usted tiene Mando.

El Mando se expresa así:

Malcolm M., gerente hotelero: "Una de las razones por las que produzco un efecto en las personas es que soy franco. En realidad, las personas dicen que en un principio las intimido. Luego de haber trabajado con ellas durante un año, a veces tocamos el tema. Me dicen, 'Malcolm, cuando comencé trabajar aquí estaba aterrado'. Cuando pregunto la razón, dicen 'Nunca trabajé antes con alguien que simplemente dijera las cosas. Lo que sea, lo que deba ser dicho, usted simplemente lo dice'".

Mando

Rick P., ejecutivo minorista: "Tenemos un programa de bienestar donde si usted consume menos de cuatro bebidas alcohólicas a la semana, obtiene veinticinco dólares. Si no fuma, obtiene veinticinco dólares al mes. Un día me enteré de que el gerente de uno de nuestros almacenes estaba fumando nuevamente. Eso no estaba bien. Fumaba dentro de la tienda, dando un mal ejemplo a los empleados, y además cobraba sus veinticinco dólares. Simplemente no puedo tolerar esas cosas. No fue agradable, pero lo confronté de inmediato y con claridad: "Deje de hacerlo o será despedido". Él es básicamente una buena persona, pero no se puede pasar por alto esas cosas".

Diane N., trabajadora de un hospicio: "No me considero una persona asertiva, pero me hago cargo. Cuando usted entra en una sala en donde hay una persona que está muriendo, junto a su familia, uno debe hacerse cargo. Ellos desean que uno se haga cargo. Están un poco aturdidos, un poco asustados, sin poder aceptarlo Básicamente, están confundidos. Necesitan que alguien les diga lo que va a ocurrir luego, lo que pueden esperar, que no será agradable pero que de cierta manera, todo estará bien. No desean que uno sea delicado y suave. Desean claridad y honestidad. Yo se las doy".

Ideas para la acción

❑ Usted siempre estará listo para hacer frente a las cosas. Practique las palabras, el tono y las técnicas que harán que su capacidad para hacer frente se convierta en pura persuasión.

❑ En sus relaciones, aproveche toda oportunidad que tenga para hablar clara y directamente sobre temas delicados. Que usted no esté dispuesto a esconderse de la verdad puede convertirse en una fuente de fortaleza y congruencia ante los ojos de sus colegas y amigos. Haga lo posible por ser reconocido como persona franca.

❏ Pregúnteles a las personas sus opiniones. Algunas veces, su franqueza puede resultar intimidante y, por ende, hacer que los demás se comporten con cautela por temor a su reacción. Cuidado con eso. Si es necesario, explique que usted es franco simplemente porque se siente muy incómodo teniendo cosas reprimidas y no porque quiera silenciar a los demás por medio del temor.

❏ Asóciese con alguien en quien resalte el talento Sociable o Empatía. No es necesario hacerle frente a algunos obstáculos; se pueden evitar. Esta persona puede ayudarle a evitar obstáculos a través de las relaciones.

❏ Su actitud de "hacerse cargo" estabiliza y reafirma a los demás en momentos de crisis. Al enfrentar un reto especialmente demandante, use su talento Mando para calmar los temores de los demás y convencerlos de que las cosas están bajo su control.

❏ Su talento Mando podría forzarlo a luchar por tener las riendas del poder porque adora estar en el asiento del conductor. Pero recuerde que incluso cuando no esté formalmente a cargo, su presencia puede ser una fuerza no visible pero poderosa.

❏ Dé un paso adelante y rompa los cuellos de botella. Otros cuentan con su poder natural de decisión para hacer que las cosas sucedan. Cuando elimina los obstáculos del camino, a menudo crea un nuevo impulso y éxito que no se habrían dado sin usted.

Mando

❑ Considere tomar la dirección de un comité. Tiene ideas definidas sobre lo que desea que suceda y puede influir naturalmente en un grupo para que lo siga. Podría sentirse cómodo dirigiendo nuevas iniciativas.

❑ Busque roles donde se requiera persuadir a los demás. Considere si la venta podría ser una buena carrera para usted.

❑ Encuentre una causa en la que crea y respáldela. Puede llegar a descubrir que se desempeña mejor defendiendo una causa ante la presencia de resistencia.

Trabajar con otros que tienen Mando

❑ Siempre consulte con esta persona por las evaluaciones de lo que sucede en su organización. Es probable que le de una respuesta directa. En la misma línea, recurra a él para generar ideas diferentes a las suyas. Es poco probable que sea de los que asienten.

❑ Cuando tenga que sacudir un proyecto inactivo y poner las cosas de nuevo en marcha, o cuando las personas necesiten ser persuadidas, diríjase a esta persona para hacerse cargo.

❑ Nunca amenace a esta persona, a menos que esté 100 % listo para seguir hasta el final.

MAXIMIZADOR

Su medida es la excelencia, no el promedio. Tomar algo que tiene un desempeño por debajo del promedio y convertirlo en algo ligeramente superior al promedio requiere una gran cantidad de esfuerzo y en su opinión no es muy gratificante. Transformar algo bueno en algo extraordinario requiere la misma cantidad de esfuerzo pero es mucho más emocionante. Las fortalezas, ya sean propias o ajenas, le fascinan. Como un buceador de perlas, las busca, y está atento a los signos que dejan translucir una fortaleza. Un vistazo a la excelencia sin instrucción, aprendizaje rápido o dominio de una habilidad sin tener que recurrir a los pasos, todos estos son indicios de que una fortaleza puede estar en juego. Y al encontrar una fortaleza, se siente obligado a alimentarla, refinarla, y se extenderla hacia la excelencia. Usted pule la piedra hasta que brilla. Esta clasificación natural de las fortalezas significa que los demás lo vean como exigente. Usted elije pasar tiempo con gente que aprecia sus fortalezas particulares. Del mismo modo, se siente atraído por aquellos que parecen haber descubierto y cultivado sus propias fortalezas. Tiende a evitar a los que quieren arreglarlo y completarlo. No quiere pasar su vida lamentándose por lo que le falta. Más bien, quiere aprovechar los dones con los que está bendecido. Es más divertido. Es más productivo. Y, contrario a lo que se cree, es más exigente.

El Maximizador se expresa así:

Gavin T., auxiliar de vuelo: "Enseñé gimnasia aeróbica durante 10 años y les recomendaba claramente a las personas que se enfocaran en lo que más les gustaba de sí mismas. Todos tenemos partes de nuestro cuerpo que quisiéramos cambiar o que quisiéramos ver en forma diferente, pero enfocarse en eso puede ser muy destructivo. Se convierte en un círculo vicioso. Así que les decía, 'Miren, no es necesario que hagan eso. En cambio, enfoquémonos en los atributos que les gustan de ustedes mismos, entonces nos sentiremos mejor invirtiendo toda esta energía".

Amy T., editora de una revista: "No hay nada que deteste más que tener que corregir un texto mal redactado. Si he dado a la autora un enfoque claro y me trae un escrito que se sale completamente del margen que le di, no puedo ni siquiera hacer comentarios acerca del mismo. Prefiero devolvérselo, sencillamente, y decirle 'solo redáctelo de nuevo'. Por otro lado, lo que más me gusta es trabajar en un texto que se ajusta a la pauta y pulirlo hasta que quede perfecto. Usted sabe, justo la palabra correcta por aquí, una pequeña edición por allá, y de pronto, es un texto brillante".

Marshall G., ejecutivo de marketing: "Soy muy bueno estableciendo un enfoque para la gente y después desarrollar un sentido de espíritu de equipo mientras avanzamos juntos. Pero el pensamiento estratégico no es mi fuerte. Por suerte, tengo un jefe que lo entiende. Llevamos trabajando juntos varios años. Él ha encontrado personas que desempeñan el papel estratégico, y al mismo tiempo, me exige superarme en el papel de crear enfoque y equipos. Tengo mucha suerte de tener un jefe que piense así. Me ha hecho sentir más seguro y avanzar mucho más rápido, sabiendo que mi jefe sabe en qué soy bueno y en qué no, no me presiona con aquello para lo que no sirvo".

Ideas para la acción

❑   Busque roles en lo que ayude a las personas a tener éxito. Su enfoque en las fortalezas será particularmente beneficioso para los demás desempeñando roles de entrenador, gerente, mentor o instructor. A causa que a la mayor parte de las personas se les dificulta describir lo que mejor hacen, comience por brindarles descripciones vívidas.

❑ Diseñe formas de medir su desempeño y el desempeño de los demás. Estas medidas lo ayudarán a identificar las fortalezas, ya que la mejor manera de identificarlas es buscar niveles sostenidos de excelencia en el desempeño.

❑ Una vez que haya identificado sus mayores talentos, manténgase centrado en ellos. Perfeccione sus destrezas. Adquiera nuevos conocimientos Practique. Manténgase fortaleciendo algunas áreas.

❑ Elabore un plan para utilizar sus talentos más poderosos fuera del trabajo. Al hacerlo, considere la forma en que sus talentos están relacionados con su misión de vida y la forma en que podrían beneficiar a su familia o a su comunidad.

❑ La resolución de problemas podría agotar su energía y entusiasmo. Busque a un compañero restaurador que pueda ser su principal identificador y solucionador de problemas. Permita que esa persona sepa lo importante que es para su éxito su compañerismo con ella.

❑ Estudie el éxito. Propóngase pasar tiempo con personas que hayan descubierto sus propias fortalezas. Mientras más comprenda cómo el encauzar las fortalezas contribuye al éxito, más probabilidad tiene de crear éxito en su propia vida.

❑ Explique a los demás por qué usted pasa tiempo en potenciar sus mejores talentos en lugar de concentrarse en sus deficiencias. En un comienzo puede que confundan lo que usted hace con autocomplacencia.

Maximizador

❑ No permita que su talento Maximizador sea sofocado por la sabiduría convencional, que dice que usted debe encontrar lo que está descompuesto y arreglarlo. Identifique e invierta en los aspectos de su organización o comunidad que sí funcionan. Asegúrese de que la mayor parte de sus recursos se inviertan en aumentar y desarrollar esos focos de excelencia.

❑ Mantenga su enfoque en relaciones y objetivos de largo plazo. Muchas personas hacen carrera cosechando los frutos que están al alcance de la mano, es decir, en el corto plazo, pero su talento Maximizador se vigorizará y será más eficaz a medida que hace realidad su máximo potencial y crea grandeza duradera.

❑ Vea si puede hacer que algunas debilidades se vuelvan irrelevantes. Por ejemplo, encuentre un compañero, cree un sistema de apoyo o use uno de sus talentos dominantes para compensar alguna de sus debilidades.

Trabajar con otros que tienen Maximizador

❑ Esta persona está interesada en tomar algo que funciona y descubrir formas de sacar lo máximo de ellas. Puede que no esté particularmente interesada en arreglar cosas que están rotas. Si es posible, evite pedirle a esta persona que haga cosas que requieran la solución continua de problemas. En su lugar, pídale ayuda cuando necesite descubrir las prácticas recomendadas.

❑ Si no tiene a alguien a su alrededor que habitualmente se enfoque en sus fortalezas, pase más tiempo con un Maximizador. Es naturalmente curiosa acerca de la excelencia y le ayudará a perfeccionar lo que mejor sabe hacer.

❑ Esta persona esperará que usted entienda sus fortalezas y la valore por las mismas. Se frustrará si usted pasa demasiado tiempo centrándose en sus debilidades.

POSITIVO

Usted es generoso con los elogios, de sonrisa fácil, y siempre buscando lo positivo de la situación. Algunos lo llaman alegre. Algunos simplemente desean que sus vasos estén tan llenos como parecer estar el suyo. Pero en ambos casos, las personas quieren estar a su alrededor. Su mundo luce mejor cuando están cerca suyo porque su entusiasmo es contagioso. Sin su energía y optimismo, algunos encuentran su mundo apagado por la repetición o, lo que es peor, cargado de presión. Parece que usted encuentra una manera de aligerarles su espíritu. Inyecta drama en cada proyecto. Celebra cada logro. Encuentra formas de hacer que todo sea más emocionante y más vital. Algunos cínicos pueden rechazar su energía, pero rara vez eso lo desalienta. Su espíritu Positivo no lo permite. De alguna manera no puedes escapar de tu convicción de que es bueno estar vivo, que el trabajo puede ser divertido, y que no importa cuáles sean los contratiempos, uno no debe perder nunca el sentido del humor.

El Positivo se expresa así:

Gerry L., auxiliar de vuelo: "Hay tantas personas en un avión que me propuse individualizar a una o dos en cada vuelo y hacer algo especial por ellas. Ciertamente, seré amable con todas y les ofreceré el tipo de profesionalismo que quisiera que me ofreciera a mí, pero por encima de todo, intentaré que una persona, una familia, o un grupo pequeño de personas, se sientan particularmente especiales, con chistes, conversación y algunos juegos que conozco".

Positivo

Andy B., ejecutivo de marketing en línea: "Soy de ese tipo de personas que goza creando emociones. Todo el tiempo leo revistas y, si encuentro algo divertido, alguna nueva historia, un nuevo brillo labial, lo que sea, se lo diré a todos. 'Oh, debe ver esta tienda. Es tan tan tan genial. Mire esas fotos. Véalas'. Soy tan apasionado cuando hablo acerca de algo que las personas sencillamente tienen que hacer lo que digo. No es que sea un gran vendedor. No lo soy. De hecho, detesto cerrar la venta, detesto incomodar a las personas. Es solo que mi pasión por lo que digo hace que la gente piense "Caramba, debe ser verdad".

Sunny G., directora de comunicaciones: "Pienso que ya hay suficientes personas negativas en el mundo. Necesitamos personas más positivas, a quienes les guste centrarse en lo que está bien en el mundo. Las personas negativas me agobian. En mi último empleo, había un alguien que solía venir a mi oficina solo para descargarse. Lo evitaba deliberadamente. Si lo veía venir, corría hacia el baño o me iba a otro lugar. Me hacía sentir que el mundo era un lugar miserable, y yo detestaba esa sensación".

Ideas para la acción

❑ Usted probablemente destacará en cualquier rol en el que se le pague por destacar lo positivo. Un rol de enseñanza, un rol de emprendedor, o un rol de liderazgo sacarán lo mejor de su capacidad de hacer que las cosas parezcan más emocionantes.

❑ Usted tiende a tener más entusiasmo y energía que la mayoría de las personas. Cuando los demás se desaniman o están reticentes a asumir riesgos, su actitud les dará el impulso para mantenerse en actividad. Con el tiempo, los demás acudirán a usted en busca de estímulo.

❑ Planifique actividades destacadas para sus amigos y compañeros. Por ejemplo, encuentre formas de convertir en eventos los pequeños logros, planifique celebraciones periódicas que los demás puedan esperar con ansias, o aproveche las fiestas y festivales anuales.

❑ Explique que su entusiasmo no es simple ingenuidad. Usted sabe que pueden ocurrir cosas negativas, pero prefiere enfocarse sencillamente en lo positivo.

❑ Usted puede disfrutar al máximo el alentar a las personas. Demuestre con toda confianza su aprecio por los demás, y asegúrese de que sus elogios no sean imprecisos. Sea constante en procurar que sus sentimientos se traduzcan en expresiones específicas, tangibles y personales de gratitud y reconocimiento.

❑ Mientras comparta su talento Positivo, cerciórese de protegerlos y darles alas. De ser necesario, aléjese de los llorones y quejumbrosos crónicos y propóngase pasar tiempo en entornos muy positivos que lo revitalicen y alimenten su optimismo.

❑ No finja que no le preocupan las dificultades. Las demás personas necesitan saber que si bien usted encuentra lo bueno en todas las situaciones, no es una persona ingenua. Reconozca los desafíos y comunique las razones de su optimismo. Su enfoque positivo será más potente cuando los demás se den cuenta de que tiene bases reales.

❑ Debido a que las personas confiarán en usted para que los ayude a salir adelante de sus frustraciones diarias, provéase de buenos cuentos, chistes y dichos. Nunca subestime el efecto que usted puede llegar a tener sobre las personas.

❑ Evite las personas negativas. Lograrán desanimarlo. Por el **Positivo** contrario, rodéese de personas que vean el mundo con los mismos ojos que usted y que tengan el mismo sentido del humor. Esto les infundirá vigor a ambos.

❑   Propóngase ayudar a los demás a ver las cosas en las que les va bien. Usted puede lograr que vean el lado positivo de las cosas.

Trabajar con otros que tienen Positivo

❑   Esta persona aporta drama y energía al lugar de trabajo. Hará que su organización sea más positiva y dinámica.

❑   El tema Positivo no implica que esta persona esté siempre de buen humor. Pero sí implica que a través de su humor y de su actitud puede hacer que las personas se entusiasmen más con su trabajo. Recuérdele esta fortaleza y anímelo a usarla.

❑   Los cínicos debilitarán rápidamente la energía de esta persona. No espere que disfrute animar a personas negativas. Lo hará mejor cuando se le pida animar a personas básicamente positivas que necesitan simplemente de una chispa.

RESPONSABILIDAD

Su tema de Responsabilidad lo obliga a apropiarse sicológicamente de cualquier cosa a la que se comprometa, y ya sea grande o pequeña, siente una obligación emocional para realizarlo. Su buen nombre depende de ello. Si por alguna razón no puede cumplir, automáticamente comienza a buscar formas de compensar a la otra persona por ello. Las disculpas no son suficientes. Las excusas y las racionalizaciones son totalmente inaceptables. No podrá estar tranquilo hasta que lo haya compensado. Esta escrupulosidad, esta casi obsesión por hacer las cosas bien y su impecable ética se combinan para crear su reputación: completamente fiable. Cuando asignan nuevas responsabilidades, las personas lo buscan a usted primero porque saben que usted cumplirá con ellas. Cuando las personas se acerquen a usted buscando ayuda, y pronto lo harán, debe ser selectivo. Su disponibilidad para ofrecerse de voluntario algunas veces puede llevarlo a aceptar más de lo que debería.

La Responsabilidad se expresa así:

Kelly G., gerente de operaciones: "El director ejecutivo de Suecia me llamó en noviembre pasado y me dijo, 'Kelly, ¿podrías no despachar mi inventario hasta el 1 de enero?' Respondí, 'Por cierto. Parece un buen plan'. Hablé con mi gente acerca del plan y pensé que tenía todo cubierto. El 31 de diciembre, sin embargo, cuando estaba revisando mis mensajes mientras estaba en una pista de esquí, pensando que todo iba a las mil maravillas, vi que su pedido había sido despachado y facturado. Tuve que llamar de inmediato y decirle lo que ocurría. Él es una persona amable, de modo que no utilizó ninguna mala palabra, pero estaba muy molesto y decepcionado. Me sentí pésimo. Una disculpa no bastaba. Debía arreglarlo. Desde la

Responsabilidad

cabaña llamé al controlador y esa misma tarde encontramos la manera de poner el valor de su inventario de vuelta en nuestros libros y retirarlos de los de él. Me tomó buena parte del fin de semana, pero era lo correcto".

Nigel T., ejecutivo de ventas: "Solía pensar que hay un pedazo de metal dentro de mi mano y un imán en el techo. Sencillamente, me ofrecía de voluntario para todo. He tenido que aprender a manejar eso, ya que no solo terminaba sobrecargado, sino además culpándome por todo. Ahora me doy cuenta de que no puedo ser el responsable de todo en el mundo, ese es el oficio de Dios".

Harry B., asesor de transición profesional: "Era apenas un joven gerente de una sucursal de un banco cuando el presidente de la empresa decidió que quería ejecutar la hipoteca de una propiedad. Dije, 'Está bien, pero tenemos la responsabilidad de entregar a esas personas el valor completo de su propiedad'. Él no lo consideraba así. Quería venderle la propiedad a un amigo por el valor de lo que se debía, y dijo que mi problema era que no podía separar la ética de negocios de mi ética personal. Le dije que estaba en lo correcto. No podía porque no creía, y sigo sin creer, que se pueda tener un doble estándar. Así que dejé la compañía y volví a ganar un sueldo de cinco dólares por hora trabajando en un servicio forestal, recogiendo basura. Como mi esposa y yo estábamos tratando de mantener a nuestros dos hijos y ganar lo suficiente para vivir, fue una decisión difícil. Pero mirando hacia atrás, en cierto nivel, no fue para nada difícil. Simplemente yo no podía funcionar en una organización que tuviera esa clase de ética".

Ideas para la acción

❑   Cuando busque empleo, ponga el acento en su sentido de responsabilidad. Durante las entrevistas, describa su deseo de asumir plena responsabilidad por el éxito o fracaso de los proyectos, su profunda aversión por los trabajos incompletos y su necesidad de "corregirlas cosas" si un compromiso no se cumple.

☐ Siga ofreciéndose voluntariamente para asumir más responsabilidades de las que pareciera garantizar su experiencia. Usted prospera con las responsabilidades y puede lidiar con ellas con mucha eficacia.

☐ Empatice con personas que compartan su sentido de responsabilidad. Prosperará trabajando con personas que compartan su determinación para hacer las cosas.

☐ Dígale a su jefe que usted trabaja mejor cuando se le da la libertad en cuanto a cumplir sus compromisos, que no necesita reportarse durante un proyecto, sino solo al momento de su conclusión. Se puede confiar en que usted realizará sus tareas.

☐ Oblíguese a decir "no". Debido a que su responsabilidad es intuitiva, puede que en ocasiones le resulte difícil rehusarse ante una oportunidad. Por este motivo debe ser selectivo. Asuma mayor responsabilidad sólo en aquellas áreas que más le interesen.

☐ Usted, por naturaleza, se toma cada proyecto en el que participa como algo personal. Cerciórese de que su capacidad de poseer no le impida compartir la responsabilidad. Permítales la posibilidad de experimentar los desafíos de la propiedad. Al hacerlo, aportará a su crecimiento y desarrollo.

☐ Aprenda a administrar su talento Responsabilidad **Responsabilidad** considerando si usted es realmente la persona que debería manejar un asunto en particular. Remítase a sus actuales responsabilidades y objetivos antes de asumir cargas adicionales, ya que puede terminar afectando la calidad a causa de tener demasiadas tareas o demandas conflictivas.

❑ Asóciese con alguien que tenga un especial talento Disciplina o Enfoque. Esta persona puede ayudarlo a mantener el rumbo y evitar que se sobrecargue.

❑ A usted le satisface trabajar junto a un compañero de mentalidad similar a la suya y además responsable. Cerciórese de aclarar las expectativas y límites de modo que cada persona pueda sentirse en propiedad de sus tareas particulares, sin entorpecer el trabajo de los demás.

❑ Las personas responsables gustan de saber que han "entregado" sus compromisos, por lo tanto cree mediciones y metas para medir la efectividad con que cumple con sus obligaciones. Cerciórese también de tener expectativas explícitas y concretas de modo que no haya dudas en cuanto a la calidad de los resultados y pueda llegar a la marca según lo prometido.

Trabajar con otros que tienen Responsabilidad

❑ Esta persona se define por su capacidad para cumplir con sus compromisos. Será intensamente frustrante para él trabajar con personas que no lo hacen.

❑ No le gusta sacrificar la calidad por la velocidad, así que tenga cuidado de no apurarlo. Cuando hablen sobre su trabajo, mencione primero su calidad.

❑ Ayude a esta persona a evitar tomar demasiadas cosas, sobre todo si se carece del talento Disciplina. Ayúdelo a darse cuenta de que una carga más podría hacer que no cumpla con un compromiso, una noción que él odiará.

RESTAURADOR

Le encanta resolver problemas. Mientras algunos quedan consternados cuando encuentran un nuevo problema, usted se siente energizados por ello. Usted disfruta el reto de analizar los síntomas, identificar qué es lo que no funciona y encontrar la solución. Puede que prefiera problemas prácticos, conceptuales o personales. Es posible que busque problemas concretos que ha enfrentado muchas veces antes y que está seguro que puede solucionar. O puede sentir el mayor impulso cuando se encuentra a problemas complejos o desconocidos. Sus preferencias exactas están determinadas por sus otros temas y experiencias, pero lo que es seguro, es que disfruta traer las cosas de vuelta a la vida. Es una sensación maravillosa el identificar los factores debilitantes, erradicarlos y restaurar algo a su verdadera gloria. De manera intuitiva, usted sabe que sin su intervención, esta cosa (esta máquina, esta técnica, esta persona, esta empresa) podría dejar de funcionar. La arregló, la resucitó, volvió a despertar su vitalidad. Puede decirlo de cualquier forma, la salvó.

El Restaurador se expresa así:

Nigel L., diseñador de software: "Tengo esos nítidos recuerdos del banco de carpintería con clavos, martillo y maderas de mi niñez. Me encantaba arreglar cosas, ensamblar otras y hacer de todo. Y ahora, con los programas de computación, es igual. Usted escribe un programa, y si no funciona, hay que echar marcha atrás y hacerlo de nuevo, arreglándolo hasta que funcione".

Jan K., médico internista: "Este tema aparece en mi vida de tantas maneras. Por ejemplo, mi primer amor fue la cirugía. Me encanta el trauma, me encanta estar en el quirófano, me

Restaurador

encanta hacer suturas. Me encanta reparar cosas en la sala de operaciones. Por otra parte, algunos de mis mejores momentos los he pasado sentado junto al lecho de un paciente moribundo, simplemente conversando. Es increíblemente gratificante ver cómo una persona hace la transición entre la angustia y la aceptación del dolor, cierra círculos con los familiares, y muere con dignidad. Y luego, con mis hijos, este tema aparece a diario. Cuando veo a mi hija de tres años abotonándose el sweater y lo hace mal, siento este intenso impulso de ir y hacerlo yo. Tengo que aguantarme, por supuesto, ya que ella tiene que aprender, pero cielos, es muy difícil".

Marie T., productora de televisión: "La producción de un programa matutino de televisión es fundamentalmente un proceso descoordinado. Si no me gustara resolver problemas, este trabajo ya me habría enloquecido. Todos los días pasa algo grave y debo encontrar el problema, corregirlo y pasar al siguiente. Si puedo hacerlo bien, me siento rejuvenecida. Por otro lado, si me voy a casa y un problema sigue sin ser resuelto, siento lo opuesto. Me siento derrotada".

Ideas para la acción

❑ Busque roles en los que se le pague por solucionar problemas o en los que su éxito dependa de su capacidad para restaurar y resolver. Podría disfrutar particularmente de un papel en la medicina, la asesoría, la programación de computadores o los servicios al cliente.

❑ No tema que los demás sepan que a usted le gusta solucionar problemas. Esto le resulta natural, pero muchas personas eluden los problemas. Usted puede ayudar.

❑ Tómese un descanso. Su talento Restaurador puede llevarlo a ser excesivamente autocrítico. Intente canalizar esa cualidad hacia los aspectos suyos que tienen solución, como por ejemplo sus lagunas en conocimientos o habilidades, o hacia problemas externos y tangibles.

❑ Permita que los demás resuelvan sus problemas. Puede que desee precipitarse y resolverlos por ellos, pero de esa manera podría dificultarles el aprendizaje. Ponga especial atención en esto, particularmente si desempeña el rol de gerente, coach/instructor, maestro o padre.

❑ Las situaciones de cambio activan su fortaleza natural. Use su talento Restaurador para elaborar un plan de ataque que revitalice un proyecto, organización, negocio o equipo debilitados.

❑ Aproveche su talento Restaurador no sólo para abordar los problemas de la actualidad, sino además para anticiparse y evitar los problemas antes de que estos surjan. Comparta con los demás su previsión y soluciones, y probará ser un valioso compañero.

❑ Estudie con detenimiento su tema escogido y vuélvase experto en identificar las causas de ciertos problemas recurrentes. Este tipo de especialidad lo llevará a encontrar más rápidamente la solución.

❑ Piense en las distintas formas de perfeccionar sus destrezas y conocimientos. Identifique los vacíos que tiene y los cursos que podría tomar para llenarlos.

❑ El constante perfeccionamiento es uno de sus sellos personales. Busque oportunidades para potenciar sus

Restaurador

capacidades por medio de un campo, actividad o empresa que demanden excepcionales habilidades y/o conocimientos.

❑ Use su talento Restaurador para buscar maneras de hacer que su trabajo sea "a prueba de problemas". Identifique los problemas actuales y potenciales, y diseñe sistemas o procesos para evitar futuros errores.

Trabajar con otros que tienen Restaurador

❑ Pídale a esta persona sus observaciones cuando quiera identificar un problema dentro de su organización. Sus percepciones serán particularmente acertadas.

❑ Cuando una situación en su organización necesita una mejora inmediata, recurra a esta persona en busca de ayuda. No entrará en pánico. En cambio, responderá de una manera enfocada y profesional.

❑ Ofrezca su apoyo cuando esta persona se encuentre con un problema especialmente complicado. Debido a que se define a sí misma por su capacidad de salir adelante, es posible que se sienta personalmente derrotada si un problema permanece sin solución. Ayúdela a superarlo.

SIGNIFICACIÓN

Usted quiere ser importante a los ojos de otras personas. En el sentido más estricto de la palabra quiere que lo reconozcan. Quiere que le escuchen. Quiere destacar. Quiere ser conocido. En particular, desea ser conocido y apreciado por las fortalezas únicas que aporta. Siente la necesidad de ser admirado como una persona creíble, profesional y exitosa. Asimismo, desea asociarse con otros que sean creíbles, profesionales y exitosos. Y si no lo son, los empujará hasta lograr que lo sean; de lo contrario, seguirá adelante. Al ser un espíritu independiente, quiere que su trabajo sea un estilo de vida más que un empleo, y en ese trabajo quiere tener la libertad de hacer las cosas a su manera. Siente sus anhelos con gran intensidad y los honra. Y por eso, su vida está llena de objetivos, logros o títulos que desea. Sea cual sea su enfoque, y cada persona es diferente, su tema de Significación lo seguirá conduciendo hacia arriba, lejos de lo mediocre, hacia a lo excepcional. Es el tema lo que le impulsa a seguir buscando nuevos objetivos.

La Significación se expresa así:

Mary P., ejecutiva de cuidado de la salud: "A las mujeres se nos dice prácticamente desde el primer día, 'no sean muy orgullosas. No tengan grandes aspiraciones'. Ese tipo de cosas. Pero he aprendido que está bien tener fuerza, está bien tener orgullo y está bien tener un gran ego, y también he aprendido que necesito manejarlo y canalizarlo bien".

Kathie J., socia de una oficina de abogados: "Desde que puedo recordar, he sentido que soy especial, que puedo hacerme cargo y hacer que las cosas sucedan. Allá por los años sesenta, yo fui la primera mujer abogada socia de mi bufete, y todavía recuerdo entrar de una a otra reunión de la junta directiva en las que era la única mujer. Era extraño, ahora que lo recuerdo. Fue difícil, pero en realidad pienso que disfruté la presión de tener que destacarme. Disfruté de ser 'la socia'. ¿Por qué? Porque sabía que yo sería difícil de olvidar. Sabía que todos me notarían y me prestarían atención".

John L., médico: "Durante toda mi vida me he sentido en un escenario. Siempre estoy consiente del público. Si estoy sentado junto a un paciente, quiero que ese paciente me vea como el mejor médico que haya tenido. Si estoy enseñando a estudiantes de medicina, quiero destacarme como el mejor educador médico que jamás hayan tenido. Quiero ganarme el premio al Educador del año. Mi jefa es un gran público para mí. Decepcionarla me mataría. Es aterrador pensar que parte de mi autoestima está en manos de otras personas, pero, otra vez, me mantiene alerta".

Ideas para la acción

❑ Elija empleos o cargos en los que usted pueda determinar sus propias tareas y actividades. Disfrutará del nivel de exposición que trae la independencia.

❑ Su reputación es importante para usted, así que decida cuál debe ser ésta y aténgase a ella hasta en los mínimos detalles. Por ejemplo, identifique y logre un nombramiento que aumente su credibilidad, escriba un artículo que le aporte notoriedad u ofrézcase como voluntario para hablar frente a un grupo que admirará sus logros.

❑ Comparta sus sueños y objetivos con su familia o amigos y compañeros más cercanos. Sus expectativas lo mantendrán alcanzando metas.

❑ Concéntrese en el desempeño. Su talento Significación lo impulsará a imponerse metas descollantes. Más vale que su desempeño se corresponda con esas metas, de lo contrario lo considerarán un charlatán.

❑ Usted se desenvuelve mejor cuando su desempeño es notorio. Busque oportunidades que lo pongan en un papel protagónico. Apártese de los roles en los que esté tras bambalinas.

❑ Liderar equipos cruciales o proyectos importantes hace surgir lo mejor de usted. Su mayor motivación puede surgir cuando los riesgos son mayores. Comunique a los demás que cuando todo esté en juego, usted quiere llevar el balón.

❑ Haga una lista de las metas, los logros y las calificaciones que ansía, y péguela donde pueda verla todos los días. Utilice esta lista como fuente de inspiración.

❑ Identifique su mejor momento de reconocimiento o elogios. ¿A qué se debió? ¿Quién se lo dio? ¿Quién era el público? ¿Qué debe hacer para recrear ese momento?

❑ A menos que además posea un talento Autoconfianza dominante, admita que puede temer al fracaso. No permita que ese temor le impida apostar a la excelencia. En lugar de eso, úselo para concentrarse en que su desempeño corresponda con sus afirmaciones.

❑ Puede que tener conciencia de lo que los demás piensan de usted esté en su naturaleza. Puede que tenga un público específico al cual usted desee agradar, y haría lo que fuera necesario con tal de obtener su aprobación y aplausos. Esté consciente de que, si bien depender de la aprobación de los demás puede resultar un problema, no tiene nada de malo desear agradar o ser admirado por las personas claves de su vida.

Significación

Trabajar con otros que tienen Significación

❑ Tenga en cuenta la necesidad de independencia de esta persona. Si usted necesita retarla, entienda que puede resultar en una confrontación.

❑ Reconozca que esta persona se nutre de un reconocimiento significativo por sus contribuciones. Dele espacio para maniobrar, pero nunca la ignore.

❑ Dele la oportunidad de sobresalir, de ser conocido. Le gusta la presión de ser el centro de atención.

SOCIABLE

Sociable significa conquistar a los demás. Disfruta el reto de conocer personas nuevas y conseguir agradarles. Rara vez le intimidan los desconocidos. Por el contrario, los desconocidos pueden entregarle energía. Le atraen. Quiere aprender sus nombres, hacerles preguntas y encontrar algún área de interés común, de modo que pueda entablar una conversación y construir una relación. Algunas personas evitan iniciar conversaciones porque les asusta quedarse sin temas para hablar. A usted no le sucede. No solo es muy raro que se quede sin temas de que hablar, sino que realmente le gusta iniciar conversaciones con desconocidos, porque le satisface romper el hielo y establecer vínculos. Una vez establecido el vínculo, se siente feliz de concluir y avanzar. Hay nuevas personas para conocer, nuevas salas para trabajar, nuevas multitudes donde mezclarse. En su mundo no hay desconocidos, solo amigos que aun no ha conocido, un montón de ellos.

Lo Sociable suena así

Deborah C., ejecutiva editorial: "Algunos de mis mejores amigos son personas con las que me he encontrado al cruzar la puerta. Es decir, es espantoso, pero el coqueteo es parte de quien soy. Todos los taxistas se me insinúan"

Marilyn K., presidenta de una universidad: "No creo que esté en busca de amigos, pero las personas me consideran su amiga. Llamo a las personas y les digo: 'Te quiero', y es sincero, ya que me resulta fácil querer a las personas. Pero, ¿amigos? No tengo muchos amigos. No creo estar en busca de amigos. Busco contactos. Y soy realmente buena en eso, porque sé encontrar los puntos en común con las personas.

Sociable

Anna G., enfermera: "Creo que a veces soy algo tímida. Normalmente no soy quien da el primer paso. Pero sí sé hacer que la gente se sienta bien. Buena parte de mi trabajo se basa en el sentido del humor. Si el paciente no es muy receptivo, mi papel se convierte en el de un comediante. Le diría a un paciente de ochenta años, 'Qué tal, chico guapo. Siéntese. Permítame sacarle su camisa. Está bien. Quítese la camisa. ¡Caramba, qué pecho tiene este hombre!' Con los niños hay que empezar muy lentamente y decir algo como, '¿Qué edad tienes?' Si dicen 'Diez', les digo '¿En verdad? Cuando tenía tu edad, tenía once años', cosas tontas, como para romper el hielo".

Ideas para la acción

☐ Elija trabajos en los que pueda interactuar con muchas personas en el transcurso del día.

☐ Propóngase generar una red de trabajo de contactos con las personas que le conocen. Manténgala comunicándose con cada una de las personas por lo menos una vez al mes.

☐ Únase a organizaciones locales, ofrézcase como voluntario en comités y averigüe cómo llegar a formar parte de las listas sociales de personas influyentes del área donde vive.

☐ Apréndase los nombres de todas las personas que pueda. Cree un archivo con todos los datos de personas que conozca y vaya agregando los de aquellas que vaya conociendo. Incluya también su información personal, como fechas de cumpleaños o el color, pasatiempo o equipo de deportes preferidos.

☐ En situaciones sociales, asuma la responsabilidad de ayudar a que las personas más reservadas se sientan cómodas.

❑ Busque las palabras correctas para explicar que formar redes de contactos es parte de su estilo. Si no lo declara, los demás podrían malinterpretarlo, tomándolo como falta de sinceridad y se preguntarán por qué está siendo tan amistoso.

❑ Asóciese con alguien con talento Afinidad o Empatía dominante. Esta persona puede consolidar las relaciones que usted comienza.

❑ Su talento Sociable le da la capacidad de acelerar el ritmo de su entorno. Reconozca el poder de su presencia y de la forma en que puede abrir las puertas a un intercambio de ideas. Con el simple inicio de conversaciones que hagan participar a los demás y que reúnan a las personas de talento, dejará una huella, o varias, en el desempeño.

❑ Los primeros momentos de toda ocasión social son de la mayor importancia en lo cómodas que se sentirán las personas y en la forma en que recordarán el evento. Cuando sea posible, sea el primero con quien se reúnan las personas. Su capacidad de saludar y reunirse con personas las ayudará a que se sientan cómodas con rapidez.

❑ Practique maneras de atraer y hacer participar a los demás. Por ejemplo, investigue a las personas antes de reunirse con ellas, de modo que podrán hablar sobre intereses comunes.

Trabajar con otros que tienen el tema Sociable

❑ Ayude a esta persona a conocer gente nueva todos los días. Puede lograr que los extraños se sientan a gusto y ayudarles a sentirse cómodos con su organización.

Sociable

- Si necesita extender su propia red de trabajo, busque a alguien con un fuerte talento Sociable. Ella le ayudará a ampliar sus propias conexiones y a obtener lo que desee.

- Entienda que esa persona valora tener una amplia red de trabajo de amigos. Si se apresura en conocer y saludar, y luego sigue adelante, no lo tome como algo personal.

FAQ (Preguntas **Muy** Frecuentes)

Si ya realicé la evaluación Clifton StrengthsFinder 1.0, ¿debo realizar la versión 2.0 de la evaluación?

Depende de usted. Aunque hemos refinado la nueva evaluación para que sea levemente más rápida y más precisa, el idioma de los 34 talentos sigue siendo el mismo. Por ello, si usted ha realizado la versión 1.0 de StrengthsFinder, sus resultados seguirán siendo tan válidos como lo fueron cuando hizo originalmente la evaluación.

La principal diferencia entre la versión 1.0 y la 2.0 no está en la evaluación misma, sino en los resultados y los recursos disponibles. Debido a que la *Guía de descubrimiento de fortalezas y de planificación de acciones* incluye los nuevos Entendimientos de las Fortalezas que se basan en más de 5.000 combinaciones únicas de las respuestas de la nueva evaluación, solo somos capaces de producir esta guía completa si realiza la evaluación de StrengthsFinder 2.0. Además, la versión 2.0 incluye todos los recursos en línea que se describen de las páginas 24 a la 28 de este libro.

Si usted ha tomado StrengthsFinder 1.0 y decide realizar la nueva versión, es posible que algunos de sus cinco principales temas sean diferentes de lo que eran la primera vez. Considerando las probabilidades y estadísticas básicas del cálculo de una clasificación de 34 dimensiones, incluso si vuelve a realizar la misma versión de StrengthsFinder unos meses después, es usual que algunos de sus cinco temas principales cambien. Con más de 33 millones de combinaciones únicas de cinco temas principales, StrengthsFinder es muy diferente de las pruebas de personalidad básicas que lo clasifican, por ejemplo, *como* extrovertido *o* introvertido.

Según nuestros cálculos, si compara sus resultados de la versión 1.0 con los de la 2.0, hay una fuerte posibilidad de que al menos tres de sus cinco temas principales sigan siendo los mismos. Y en la mayoría de los casos, al menos cuatro talentos aparecerán las dos veces en sus cinco temas principales. Quizás lo más importante que hay que entender para su desarrollo es que si ve un talento nuevo en los cinco principales, es probable que ya estuviera en los 10 principales antes. En otras palabras, usted no ha "perdido" un tema, sino que en lugar de ello ahora tiene la oportunidad de ver un tema o dos que habían estado ocultos bajo el radar.

GALLUP STRENGTHS CENTER

Continúe su desarrollo basado en fortalezas en Gallup Strengths Center.

- Descubra sus 34 fortalezas.

- Comparta sus fortalezas con los demás.

- Ayude a amigos y a familiares a descubrir sus fortalezas.

¡Visite **www.GallupStrengthsCenter.com** hoy!

Gallup Press existe para educar e informar a las personas que gobiernan, manejan, enseñan y lideran a los 7 mil millones de ciudadanos del mundo. Cada libro cumple con los requisitos de integridad, confianza e independencia de Gallup y se basa en la ciencia y la investigación aprobada por Gallup.